DEN BÄSTA VEGANSKA FRITYRKOKBOKEN

100 snabba och enkla, hälsosamma måltider för din Air Fryer

HANS ABRAHAMSSON

Copyright Material ©2023

Alla rättigheter förbehållna

Ingen del av denna bok får användas eller överföras i någon form eller på något sätt utan korrekt skriftligt medgivande från utgivaren och upphovsrättsinnehavaren, förutom korta citat som används i en recension. Den här boken bör inte betraktas som en ersättning för medicinsk, juridisk eller annan professionell rådgivning.

INNEHÅLLSFÖRTECKNING

INNEHÅLLSFÖRTECKNING **3**
INTRODUKTION **6**
FRUKOST OCH BRUNCH **7**
   1. Enkel hemlagad granola 8
   2. Sötpotatis Hash 10
   3. Munkhål 12
   4. Grundläggande frukostpotatis 14
   5. Tempeh och Veggie Scramble 16
   6. Frukost (panna)kaka 18
   7. Spenat omelett 20
   8. Tempeh Bacon 22
   9. Bacon och ägg smörgåsar 24
  10. Grönsaker i misostil 26
APTITRETARE OCH SNACKS **28**
  11. Air Fryer sötpotatischips 29
  12. Air Fryer grönkålschips 31
  13. Air Fryer fiskpinnar 33
  14. Äppelchips 35
  15. Air Fryer Rostad Edamame 37
  16. A i r-Stekt kryddade äpplen 39
  17. Slider och Bacon Bloody Marys 41
  18. Grönsaksäggrullar 43
  19. Grillpotatischips 45
  20. Soy Curl Fries 47
  21. Kryddade pommes frites 49
  22. Jalapeño Poppers 51
  23. Spicy Mac 'n' Cheese Balls 53
  24. Friterade grönsakswontons 56
  25. Kryddig sojadoppsås 58
  26. Stekt avokado 60
  27. Beany Jackfruit Taquitos 62
  28. Luftfriterade pretzels 64
  29. Stekt tofu med jordnötssås 67
  30. Panerad svamp 69
  31. Vegan Wings 71
  32. Rostade grillkikärter 73
  33. Balsamic örttomater 75
  34. Palsternacka pommes frites 77
  35. Buffalo blomkål 79
  36. Ostig dill Polenta bites 81

37. ROSTAD BRYSSELKÅL 84
38. ROSTAD EKOLLON SQUASH 86
39. TAMARI SQUASHFRÖN 88
40. LÖKRINGAR 90
41. MAPLE BUTTERNUT SQUASH 92
42. GRÖNKÅLSCHIPS 94
43. STEKTA GRÖNA TOMATER 96
44. AUBERGINE PARMESAN 98
45. BLANDADE GRÖNSAKER 100
46. OSTIGA KLYFTPOTATIS 102
47. HASSELBACKSPOTATIS 104
48. POUTINE 106
49. SÖTPOTATIS POMMES FRITES 108
50. UMAMI FRIES 110

HUVUDRÄTT _ 112
51. RÖDBETOR MED ORANGE GREMOLATA 113
52. LAX MED BALSAMICO SPENAT 115
53. VITLÖK-ÖRT FRIED PATTY PAN SQUASH 117
54. SVAMPBIFFAR 119
55. SVAMP VITBÖNSSÅS 121
56. GRÖNKÅL OCH POTATISNUGGETS 123
57. ENKEL LUFTSTEKT TOFU 125
58. MONGOLISK TOFU 127
59. SESAM-CRUSTED TOFU 129
60. SAMBAL GORENG TEMPEH 131
61. TEMPEH KABOBS 133
62. BAKADE GIGANTISKA BÖNOR 135
63. PERSONLIGA PIZZOR 137
64. FRITERADE VARMKORVAR 139
65. MAJS HUNDAR 141
66. FYLLD BAKAD POTATIS 144
67. FRITERADE GRÖNA BÖNOR OCH BACON 146
68. BAKAD SPAGETTI 148
69. KÖTT-Y BOLLAR 150
70. BAKAD CHICK'N-STYLE SEITAN 152
71. TORR SEITAN MIX 154
72. CHICK'N-FRIED STEAK 156
73. CHICK'N POT PIE 159
74. STEKT TACOS 162
75. GOURMET GRILLAD OST 164
76. ROSTADE KIKÄRTOR OCH BROCCOLI 166
77. SEITAN FAJITAS 168
78. TACOSALLAD 170
79. TEMPEH FRIED RICE 172

80. SOY CURL KIMCHEE VÅRRULLAR 174
81. LASAGNEGRYTA 176
82. POTATIS, GRODDAR OCH SOJAKRULLAR 178
83. CALZONE 180
84. FRITERADE SUSHIRULLAR 182

SMÅRÄTTER 184

85. AIR FRYER BLOMKÅL 185
86. JICAMA FRIES 187
87. GRÖNSAKSKABOBS 189
88. SPAGHETTI SQUASH 191
89. GURKA QUINOASALLAD 193
90. LIMEPOTATIS 195
91. AUBERGINE I ASIATISK STIL 197
92. KRYDDIG KINESISK STIL GRÖNA BÖNOR 199
93. ÖRTAD AUBERGINE OCH ZUCCHINIMIX 201
94. KOKT BOK CHOY 203

EFTERRÄTT 205

95. FRUKTSMULA 206
96. FICKOR FÖR FRUKTBAKELSE 208
97. BAKADE ÄPPLEN 210
98. KARAMELLISERAD FRUKT-OCH-NÖTTER TOPPING 212
99. FRITERADE GINGER-O'S 214
100. ÄPPELPAJ TAQUITOS 216

SLUTSATS 218

INTRODUKTION

Välkommen till "Den bästa veganska frityrkokboken" som är din bästa resurs för 100 snabba och enkla, hälsosamma måltider som kommer att höja din luftfriteringsupplevelse. Den här kokboken är en hyllning till växtbaserad läckerhet, och inbjuder dig att utforska mångsidigheten och bekvämligheten med fritösen för att skapa hälsosamma veganska måltider. Oavsett om du är en erfaren vegansk kock eller nybörjare inom den växtbaserade livsstilen, är dessa recept framtagna för att inspirera dig att skapa smakrika och näringsrika rätter med kraften från din airfryer.

Föreställ dig ett kök fyllt med fräsande ljud från din fritös, den lockande doften av perfekt knapriga grönsaker och glädjen av att veta att du skapar måltider som inte bara är läckra utan också närande. "Den bästa veganska frityrkokboken" är mer än bara en samling recept; det är en guide för att göra växtbaserad matlagning tillgänglig, effektiv och otroligt välsmakande. Oavsett om du är sugen på krispiga snacks, rejäla huvudrätter eller läckra desserter är den här kokboken ditt pass till vegansk kulinarisk excellens med airfryerns magi.

Från klassiska luftfriterade grönsaker till innovativa växtbaserade hamburgare och skuldfria desserter, varje recept är en hyllning till de hälsomedvetna och smakfulla möjligheter som airfryern ger ditt kök. Oavsett om du lagar mat till dig själv, din familj eller underhåller gäster, kommer dessa snabba och enkla recept att visa upp den läckra världen av veganskt luftfriterat kök.

Följ med oss när vi ger oss ut på ett kulinariskt äventyr genom "Den bästa veganska frityrkokboken" där varje skapelse är ett bevis på enkelheten, hälsan och läckerheten hos växtbaserade luftfriterade läckerheter. Så elda på din airfryer, omfamna enkelheten med vegansk matlagning, och låt oss dyka in i 100 snabba och enkla, hälsosamma måltider som kommer att tillfredsställa dina smaklökar och ge din kropp näring.

FRUKOST OCH BRUNCH

1. Enkel hemlagad granola

INGREDIENSER:
- 2 koppar (220 g) pekannötter, hackade
- 1 kopp (85 g) kokosnötsförfalskningar
- 1 kopp (122 g) strimlad mandel
- 1 tsk (2,6 g) kanel
- 1 matsked (18 g) kokosolja spray

INSTRUKTIONER:
a) Blanda pekannötter, kokosflingor, strimlad mandel och mald kanel i en stor skål.
b) Dimma lätt med kokosnötsolja spray, släng och dimma lätt igen.
c) Klä airfryerkorgen med bakplåtspapper.
d) Häll blandningen i korgen.
e) Koka i 160ºC i 4 minuter, rör om och koka i 3 minuter till.

2.Sötpotatis Hash

INGREDIENSER:
- 450 gram sötpotatis
- 1/2 vit lök, tärnad
- 3 matskedar olivolja
- 1 tsk rökt paprika
- 1/4 tsk spiskummin
- 1/3 tsk mald gurkmeja
- 1/4 tesked vitlökssalt
- 1 kopp guacamole

INSTRUKTIONER:
a) Förvärm enheten genom att välja AIR FRY-läge i 3 minuter vid 325 grader F.
b) Välj START/PAUS för att påbörja förvärmningsprocessen.
c) När förvärmningen är klar, tryck på START/PAUS.
d) Skala och skär potatisen i tärningar.
e) Överför nu potatisen till en skål och tillsätt olja, vitlök, spiskummin, paprika, gurkmeja och vitlökssalt.
f) Lägg denna blandning i Air Fryer-korgen.
g) Ställ in den på AIR FRY-läge i 10 minuter vid 390 grader F.
h) Ta sedan ut korgen och skaka dem väl.
i) Ställ sedan in tiden igen till 15 minuter vid 390 grader F.

3.Munkhål

INGREDIENSER:
- 2 msk kallt mjölkfritt smör
- 1/2 kopp plus 2 matskedar kokossocker, uppdelat
- 1 matsked Ener-G äggersättningspulver eller din favorit veganska äggulaersättning
- 2 matskedar vatten
- 2 1/4 koppar oblekt universalmjöl
- 1 1/2 tsk bakpulver
- 1 tsk salt
- 1/2 kopp vanlig yoghurt eller vaniljfri yoghurt
- 1 till 2 spritsar rapsolja
- 1 tsk mald kanel

INSTRUKTIONER:
a) I en stor skål, kombinera smöret och 1/2 kopp sockret och blanda väl, använd händerna tills det bildas klumpar.
b) Vispa äggersättningen med vattnet i en liten skål eller kopp. Tillsätt det till smöret och sockret och blanda väl. Avsätta.
c) I en medelstor skål, kombinera mjöl, bakpulver och salt.
d) Tillsätt mjölblandningen i smörblandningen och blanda väl. Vänd ner yoghurten. Blanda tills en deg bildas.
e) Rulla degbitar till 18 (1-tums) bollar och arrangera dem på en stor bakplåt eller en bit bakplåtspapper.
f) Smörj airfryern med oljan. Förvärm airfryern till 360°F i 3 minuter. Överför munkhålen till air fryer-korgen. Koka i 8 minuter, skaka halvvägs genom tillagningstiden.
g) Blanda resterande 2 msk socker och kanel på en tallrik. Rulla de varma munkhålen lätt i kanelsockret innan du flyttar över dem på ett galler för att svalna.

4.Grundläggande frukostpotatis

INGREDIENSER:
- 2 stora röda eller rödbruna potatisar, skrubbade
- 1 liten gul lök, skuren i halvmåneskivor (skär löken på mitten på längden och skiva sedan längs lökens linjer)
- 1 tsk extra virgin olivolja eller rapsolja
- 1/2 tsk havssalt (valfritt)
- 1/4 tsk svartpeppar

INSTRUKTIONER:
a) Förvärm airfryern till 360°F i 3 minuter. Strimla potatisen i en matberedare eller med en osthyvel i de stora hålen.
b) Överför den strimlade potatisen och löken till en medelstor skål. Tillsätt olja, salt (om du använder) och peppar. Kasta med tång för att täcka.
c) Överför till air fryer-korgen. Koka i 12 till 15 minuter, eller tills de är gyllenbruna, skaka var tredje minut. Servera varm.

5.Tempeh och Veggie Scramble

INGREDIENSER:
- 8 uns tempeh
- 2 vitlöksklyftor, hackade
- 1 tsk mald gurkmeja
- 1 tsk malen spiskummin
- 1/2 tsk chilipulver
- 1/2 tsk svart salt
- 1/4 till 1/2 kopp lågnatrium grönsaksbuljong
- 1 till 2 skvätt extra virgin olivolja
- 1 kopp grovhackad cremini-svamp (eller din favoritsvamp)
- 1 liten rödlök, i fjärdedelar
- 1/2 kopp grovt hackad paprika (valfri färg)
- 1/2 kopp skivade körsbärs- eller druvtomater

INSTRUKTIONER:
a) Ångkoka tempen i 10 minuter. (Detta steg är valfritt, men jag är ett stort fan av att ånga tempeh i förväg för att hjälpa den att absorbera marinad, tämja dess bitterhet och mjuka upp dess konsistens lite.) Skär tempen i 12 lika stora kuber.

b) I en grund skål, kombinera vitlök, gurkmeja, spiskummin, chilipulver, svart salt och buljong. Tillsätt den ångade tempen och marinera i minst 30 minuter eller upp till över natten.

c) Spraya airfryer-korgen med olja (alternativt, torka av korgen med olja). Häll av tempen och lägg den i air fryer-korgen. Tillsätt svampen, löken och paprikan.

d) Koka i 330°F i 10 minuter. Tillsätt tomaterna, öka värmen till 390°F och koka ytterligare 3 minuter.

e) Serverar: 4

f) Alternativ utan olja: Uteslut olivoljan och skaka ofta för att undvika att den fastnar.

6.Frukost (panna)kaka

INGREDIENSER:
- 1/2 kopp oblekt universalmjöl
- 2 msk kokossocker eller strösocker
- 1 msk bakpulver
- 1 till 2 nypor havssalt
- 1/2 kopp sojamjölk eller annan mjölkfri mjölk
- 1 msk äppelmos
- 1/4 tsk vaniljextrakt
- 1 till 2 spritsar extra virgin olivolja spray

INSTRUKTIONER:
a) Blanda mjöl, socker, bakpulver och salt i en bunke. Vispa långsamt ner mjölk, äppelmos och vaniljextrakt.
b) Förvärm airfryern till 330°F i 3 minuter. Smörj en 8-tums springform (eller en ugnssäker form av ditt val) med olivolja spray.
c) Häll smeten i den förberedda pannan. Koka i 330°F i 10 minuter. Kontrollera om den är färdig genom att föra in en tandpetare i mitten - den ska komma ut torr. Koka i ytterligare 2 till 4 minuter efter behov.
d) Serverar: 2
e) No-Oil Alternativ: Uteslut olivoljan och skikta bakplåten med bakplåtspapper (inget papper bör exponeras).
f) Dubbla eller tredubbla detta recept och förvara smeten i en lufttät behållare (en masonburk är bra) i kylskåpet. Du är redo att göra det igen nästa dag!

7.Spenat omelett

INGREDIENSER:

- 1 dl iskallt vatten
- 4 matskedar Follow Your Heart VeganEgg
- 2 msk kikärtsmjöl
- 1/4 tsk svart salt
- 1 tsk Vegan Magic eller DIY "Vegan Magic"
- 1/2 dl finhackad röd paprika
- 1/2 kopp finhackad gul lök
- Nymalen svartpeppar
- 2 koppar löst packad babyspenat

INSTRUKTIONER:

a) Kombinera vattnet, VeganEgg, mjöl och salt i mixern och mixa tills det är slätt. Avsätta.

b) Lägg till Vegan Magic i en bakpanna som passar i din airfryer. Placera bakplåten i fritösen och förvärm till 390°F i 3 minuter.

c) Häll omelettblandningen i bakformen och koka i 2 minuter vid 390°F. Tillsätt paprikan och löken, klappa ner dem i omelettblandningen och koka i 3 minuter längre.

d) Pausa maskinen för att tillsätta paprika och spenat i omeletten. Vik omeletten på mitten och koka i 5 minuter till vid 390°F. Skär i 2 portioner: .

8. Tempeh Bacon

INGREDIENSER:
- 8 uns tempeh
- 2 msk lönnsirap
- 1 tsk avokadoolja eller extra virgin olivolja
- 1/2 tsk vegansk worcestershiresås, tamari eller sojasås
- 1/8 tsk flytande rök
- 1/2 tsk cayennepeppar

INSTRUKTIONER:
a) Ångkoka tempen i 10 minuter. (Detta steg är valfritt, men för att se varför jag rekommenderar det, se här .) Överför tempeh till en grund skål.
b) I en liten skål, kombinera lönnsirap, olja, Worcestershiresås, flytande rök och cayenne, vispa tills det är väl blandat. Häll marinaden över tempen och marinera i minst 1 timme (över natten är bättre).
c) Lägg tempehskivorna i air fryer-korgen. Koka i 10 minuter vid 330°F. Skaka efter 5 minuter. Öka värmen till 390°F och koka i 3 minuter längre.
d) Serverar: 8 stycken
e) No-Oil Alternativ: Uteslut avokadooljan.

9.Bacon och ägg smörgåsar

INGREDIENSER:
- 1 (16 ounce) förpackning extra fast tofu
- 1/2 kopp sojamjölk
- 1/4 kopp plus 2 matskedar näringsjäst
- 2 tsk plus 1 tsk mald gurkmeja
- 1 tsk vitlökspulver
- 1/2 tsk svart salt
- 3 matskedar oblekt universalmjöl
- 1 msk potatisstärkelse
- 2 till 4 spritsar rapsolja spray
- 4 remsor Tempeh Bacon eller vegansk bacon i butik
- 4 Friterade kex eller veganska kex köpta i butik

INSTRUKTIONER:
a) Låt rinna av och tryck till tofun.
b) Skär tofun i 4 lika stora bitar. Skär sedan varje bit på mitten, till totalt 8 skivor.
c) I en liten skål, vispa ihop mjölk, näringsjäst, gurkmeja, vitlökspulver och svart salt tills det blandas. Avsätta.
d) Blanda ihop mjöl och potatisstärkelse på en stor tallrik för muddring. Doppa varje bit tofu i mjölkblandningen. Belägg sedan varje bit lätt med mjölblandningen.
e) Spraya air fryer korgen med rapsolja. Lägg de belagda tofubitarna i korgen och spraya lätt toppen av tofun. Koka i 360°F i 6 minuter. Vänd tofuskivorna och koka i 6 minuter längre. Lägg två tofuägg och en bit vegansk bacon på varje kex.
f) Serverar: 4
g) Variation: Använd spenatomeletten som ett alternativ till tofuäggen.
h) Alternativ utan olja: Börja med bakplåtspapper eller folie under de första 5 minuterna av tillagningen. Var noga med att belägga tofubitarna mycket lätt med mjöl- och stärkelseblandningen, du kan få vita fläckar av mjöl istället för en jämn gyllenbrun utsida.

10.Grönsaker i misostil

INGREDIENSER:
- 1 msk vit miso
- 2 msk sojasås
- 2 msk risvinäger
- 1 tsk sesamolja (valfritt)
- 2 dl finhackade morötter
- 2 dl broccolibuktor
- 1/2 dl finhackad daikonrädisa

INSTRUKTIONER:
a) I en liten skål, kombinera miso, sojasås, vinäger och sesamolja (om du använder). Blanda väl.
b) Kombinera morötter, broccoli och daikon i en stor blandningsskål. Häll misoblandningen över grönsakerna och rör om med en tång för att täcka helt. Förvärm airfryern till 330°F i 5 minuter.
c) Överför grönsakerna till frityrkorgen och koka i 25 minuter, skaka var 5:e minut.

APTITRETARE OCH SNACKS

11.Air Fryer sötpotatischips

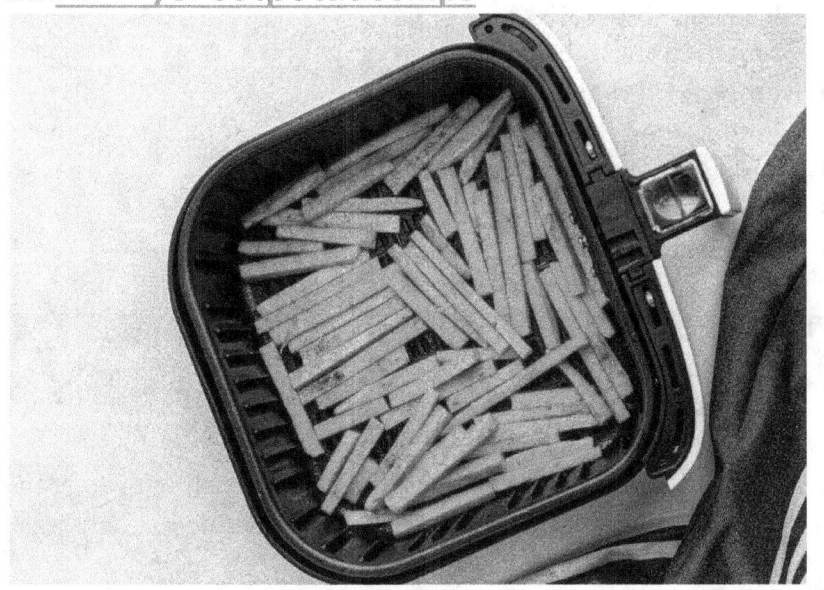

INGREDIENSER:
- 1 ½ kopp sötpotatis
- 2 medelstora sötpotatisar
- 1 msk extra virgin olivolja
- 2 matskedar ekologiskt farinsocker ljust eller mörkt kan användas
- 2 tsk chilipulver
- 1 tsk malen spiskummin
- ½ tsk salt

INSTRUKTIONER:
a) Skiva sötpotatis tunt.
b) Häll i en skål med oljan så att varje sötpotatisskiva är lätt belagd. Du kan använda dina händer om du vill.
c) Blanda farinsocker, chilipulver, spiskummin och salt i en liten skål.
d) Om det har kommit vatten ur sötpotatisen medan den legat kan du rinna av det.
e) Strö kryddblandningen över sötpotatisen och rör om så att varje skiva har krydda på sig. De är lätt belagda som på bilden ovan.
f) Lägg sötpotatis i ett enda lager i fritösen och rör vid eller överlappa en liten bit. Om du har en omrörningsarm i din airfryer som måste tas bort.
g) Air Fry vid 180°C (356°F) i 6 till 9 minuter beroende på hur tunna dina skivor är.
h) Skaka korgen halvvägs eller rör lätt för att få bort dem från botten av airfryerns botten.
i) När de är klara, ta bort chipsen på ett galler och låt dem svalna. De blir krispigare när de svalnar.
j) Klart och ät eller förvara i en lufttät behållare.

12.Air Fryer grönkålschips

INGREDIENSER:
- 1 sats grönkål, tvättad och klappad torr
- 2 tsk olivolja
- 1 msk näringsjäst
- ¼ tesked havssalt
- 1/8 tsk mald svartpeppar

INSTRUKTIONER:
a) Ta bort bladen från stjälkarna på grönkålen och lägg dem i en medelstor skål.
b) Tillsätt olivolja, näringsjäst, salt och peppar. Använd händerna för att massera in toppingen i grönkålsbladen.
c) Häll grönkålen i korgen på din airfryer och koka vid 390 grader F i 67 minuter, eller tills de är krispiga.
d) Servera varm eller i rumstemperatur.

13.Air Fryer fiskpinnar

INGREDIENSER:
- 1 pund vit fisk som torsk
- ¼ kopp majonnäs
- 2 msk dijonsenap
- 2 matskedar vatten
- 1 ½ koppar fläsksvål panko såsom Pork King Good
- ¾ tesked Cajun-krydda
- Salta och peppra efter smak

INSTRUKTIONER:
a) Spraya airfryerstället med nonstick-spray.
b) Klappa fisken torr och skär i stavar ca 1 tum gånger 2 tum breda.
c) I en liten grund skål, vispa ihop majonnäs, senap och vatten. I en annan grund skål, vispa ihop fläskskalen och Cajun-krydda.
d) Tillsätt salt och peppar efter smak.
e) Arbeta med en fiskbit i taget, doppa i majonnäsblandningen för att täcka och knacka sedan av överskottet.
f) Doppa i fläsksvålblandningen och rör om för att täcka. Lägg på luftfriteringsstället.
g) Ställ in på Air Fry på 400F och grädda i 5 minuter, vänd fiskpinnarna med en tång och grädda ytterligare 5 minuter. Servera omedelbart.

14. Äppelchips

INGREDIENSER:
- 2 äpplen, tunt skivade
- 2 tsk strösocker
- 1/2 tsk kanel

INSTRUKTIONER:
a) I en stor skål släng äpple med kanel och socker. Arbeta i omgångar, lägg äpplen i ett enda lager i korgen på air fryer (viss överlappning är okej).
b) Grädda i 350° i ca 12 minuter, vänd var 4:e minut.

15.Air Fryer Rostad Edamame

INGREDIENSER:
- 2 koppar Edamame eller fryst Edamame
- Olivolja Spray
- Vitlökssalt

INSTRUKTIONER:
a) Lägg edamame i air fryer-korgen, denna kan vara färsk eller fryst.
b) Bestryk med olivolja spray och en skvätt vitlökssalt.
c) Air Fry i 390 grader i 10 minuter.
d) Rör om halvvägs genom tillagningstiden om så önskas. För en krispig, rostad smak luftsteka i ytterligare 5 minuter.
e) Tjäna.

16.A i r-Stekt kryddade äpplen

INGREDIENSER:
- 4 små äpplen, skivade
- 2 msk kokosolja, smält
- 2 matskedar socker
- 1 tsk äppelpajskrydda

INSTRUKTIONER:
a) Lägg äpplena i en skål. Ringla över kokosolja och strö över socker och äppelpajskrydda. Rör om så att äpplena blir jämnt täckta.
b) Lägg äpplena i en liten panna som är gjord för airfryers och lägg den sedan i korgen.
c) Ställ in airfryern på 350° i 10 minuter. Stick hål i äpplena med en gaffel så att de är mjuka.
d) Placera vid behov tillbaka i airfryern i ytterligare 3-5 minuter.

17. Slider och Bacon Bloody Marys

INGREDIENSER:
- 2 (1/2 tum tjocka) skivor Gimme mager korv eller bakad Chick'n-Style Seitan
- 2 skivor Tempeh Bacon eller veganskt bacon i butik
- 6 till 8 uns vegansk Bloody Mary-blandning
- 2 till 4 uns vodka (valfritt)
- 2 revbensselleri
- 2 veganska glidbullar
- 2 till 4 urkärnade gröna oliver eller limeklyftor (valfritt)
- 2 söt- eller dillgurka skivor eller körsbärstomater (valfritt)

INSTRUKTIONER:
a) Lägg korvskivorna i air fryer-korgen. Tillsätt baconet. Koka i 370°F i 6 minuter.
b) Använd Bloody Mary-blandningen och vodka (om du använder) för att blanda din favoritvuxna eller jungfru Bloody Mary. Se till att använda ett glas som rymmer minst 12 uns vätska (en masonburk är ett roligt alternativ). Tillsätt ett revben selleri till varje drink.
c) Sätt ihop de kokta korvarna på glidbullarna och stick hål i dem med ett spett. Om du använder oliver och pickles, lägg till dem i spetten också. Placera spetten i varje drink, stötta dem på kanterna av glasen. Lägg till en kokt baconremsa till varje Bloody Mary.

18. Grönsaksäggrullar

INGREDIENSER:
- 1 till 2 teskedar rapsolja
- 1 kopp strimlad vitkål
- 1 dl rivna morötter
- 1 kopp böngroddar
- 1/2 kopp finhackad svamp (valfri typ)
- 1/2 dl skivad salladslök
- 2 tsk chilipasta
- 1/2 tsk mald ingefära
- 1/4 kopp sojasås med låg natriumhalt eller tamari
- 2 tsk potatisstärkelse
- 8 veganska äggrulle-omslag

INSTRUKTIONER:

a) Värm oljan på medelhög värme i en stor stekpanna. Tillsätt kål, morötter, böngroddar, svamp, salladslök, chilipasta och ingefära. Fräs i 3 minuter.

b) Vispa ihop sojasås och potatisstärkelse i en liten skål eller måttbägare. Häll den här blandningen i stekpannan och kombinera med grönsakerna.

c) Lägg ut äggrullomslagen på en arbetsyta. Pensla lätt kanterna med vatten. Placera 1/4 kopp av fyllningen i ena änden av omslaget. Börja rulla omslaget över grönsakerna, stoppa in ändarna efter den första rullen. Upprepa denna process med de återstående omslagen och fyllningen.

d) Överför äggrullarna till air fryer-korgen. Tillaga vid 360°F i 6 minuter, skaka halvvägs genom tillagningstiden.

19. Grillpotatischips

INGREDIENSER:
- 1 stor rostad potatis
- 1 tsk paprika
- 1/2 tsk vitlökssalt
- 1/4 tsk socker
- 1/4 tsk lökpulver
- 1/4 tsk chipotlepulver eller chilipulver
- 1/8 tsk havssalt
- 1/8 tsk mald senap
- 1/8 tsk cayennepeppar
- 1 tsk rapsolja
- 1/8 tsk flytande rök

INSTRUKTIONER:
a) Tvätta och skala potatisen. Skär i tunna, 1/10-tums skivor; överväg att använda en mandolinskärare eller skärbladet i en matberedare för att uppnå konsekventa skivor.
b) Fyll en stor skål med 3 till 4 koppar mycket kallt vatten. Lägg över potatisskivorna i skålen och blötlägg dem i 20 minuter.
c) Kombinera vitlökssalt, socker, lökpulver, chipotlepulver, havssalt, senap och cayenne i en liten skål.
d) Skölj och låt rinna av potatisskivorna och torka dem med hushållspapper. Överför dem till en stor skål. Tillsätt oljan, flytande rök och kryddblandningen i skålen. Kasta till beläggning. Överför potatisen till air fryer-korgen.
e) Koka i 390°F i 20 minuter. Skaka var 5:e minut för att hålla ett öga på framstegen. Du vill ha bruna, men inte brända, chips. Ät dessa direkt!

20.Soy Curl Fries

INGREDIENSER:
- 1 kopp torra sojakrullar
- 1 dl varm vegansk kycklingbuljong
- 1/2 tsk chilipulver
- 1 tsk brunt rismjöl
- 1 tsk majsstärkelse
- 1 tsk chipotle avokadoolja (eller vanlig avokadoolja plus 1/2 tsk chipotlepulver)

INSTRUKTIONER:
a) Rehydrera sojakrullarna i den varma buljongen i 10 minuter. Töm sojakrullarna och tryck försiktigt på dem med en tång för att ta bort överflödig vätska.
b) Överför de dränerade Soy Curls till en stor skål. Tillsätt chilipulver, mjöl, majsstärkelse och olja. Rör om tills det är väl täckt.
c) Överför Soy Curls till fritösen och tillaga vid 390°F i 8 minuter, skaka halvvägs genom tillagningstiden.

21. Kryddade pommes frites

INGREDIENSER:
- 2 stora rödbruna potatisar, skurade
- 1 msk avokadoolja eller extra virgin olivolja
- 1 tsk torkad dill
- 1 tsk torkad gräslök
- 1 tsk torkad persilja
- 1 tsk cayennepeppar
- 2 msk kikärts-, soja-, bovete- eller hirsmjöl

INSTRUKTIONER:

a) Skär potatisen i 1/4-tums skivor, skär sedan skivorna i 1/4-tums remsor. Överför pommes fritesen till en stor skål och täck dem i 3 till 4 koppar vatten. Blötlägg pommes fritesen i 20 minuter. Häll av, skölj och klappa torrt.

b) Lägg tillbaka potatisen i skålen. Tillsätt avokadoolja, dill, gräslök, persilja, cayenne och mjöl. Rör om tills det är väl täckt.

c) Förvärm airfryern till 390°F i 3 minuter. Överför den belagda potatisen till air fryer-korgen. Koka i 20 minuter, skaka halvvägs genom tillagningstiden.

22.Jalapeño Poppers

INGREDIENSER:
- 8 stora jalapeños
- 1 kopp mjölkfri färskost
- 1/4 kopp finhackad lök
- 1 dl okryddat torrt brödsmulor
- 2 tsk torkad mexikansk oregano
- 1/2 tsk nymalen svartpeppar
- 1/2 till 1 tsk salt, eller efter smak
- 2 till 3 spritsar extra virgin olivolja

INSTRUKTIONER:

a) När du förbereder jalapeños, överväg att bära latexhandskar för att undvika att irritera din hud. Skär jalapeñosna på mitten på längden, följ paprikornas kurva. Med en liten sked eller fingrarna, gröp ur fröna och hinnan, eftersom de innehåller värmen från jalapeños (lämna några frön om du vill ha extra värme). Ställ de skivade jalapeños åt sidan.

b) I en liten skål, blanda ihop färskost och lök.

c) I en medelstor skål, kombinera brödsmulor, mexikansk oregano, peppar och salt.

d) Fyll varje jalapeñohalva med cirka 2 teskedar av färskostblandningen, tryck in den i hålet med fingrarna. Strö 1 1/2 tsk av brödsmulsblandningen över färskosten. Tryck ner brödsmulorna i färskosten.

e) Spraya air fryer korgen med olja. Lägg så många jalapeño-poppare i airfryer-korgen som får plats (du kan behöva laga mat i omgångar). Spritsa toppen av poppers med ytterligare olja (detta hjälper dem att få färg). Koka vid 390 ° F i 6 till 7 minuter, eller tills brödsmulorna är gyllenbruna.

23. Spicy Mac 'n' Cheese Balls

INGREDIENSER:
- 2 3/4 dl vegansk kycklingbuljong, delad
- 1 kopp fullkornsfusilli
- 1 matsked mjölkfritt smör
- 2 vitlöksklyftor, hackade
- 1/4 kopp finhackad gul lök
- 1/4 kopp plus 1 msk kikärtsmjöl, uppdelat
- 1/4 kopp näringsjäst
- 1 tsk färsk citronsaft
- 1/4 kopp strimlad Daiya Jalapeño Havarti Style Farmhouse Block eller Pepperjack Style ost
- 1/4 tsk svartpeppar
- 2 linägg eller 2 matskedar Follow Your Heart VeganEgg eller Ener-G Egg Replacer
- 1/2 dl iskallt vatten
- 1/2 kopp torrt italienskt brödsmulor
- 1 tsk rökt paprika
- 1 tsk cayennepeppar
- 1/4 kopp strimlad parmesanost utan mejeri
- 3 till 4 spritsar extra virgin olivolja

INSTRUKTIONER:
a) Koka upp 2 1/2 koppar av buljongen i en stor kastrull på medelhög värme. Tillsätt fusilli och koka i 11 minuter.
b) Värm smör, vitlök och lök i en liten kastrull på medelhög värme. När smöret kokar, sänk värmen till låg och låt sjuda i 5 minuter.
c) Tillsätt 1 msk av kikärtsmjölet i smöret och vispa till en roux.
d) Häll av den kokta fusillien och lägg tillbaka den i den stora kastrullen. Överför roux till pastan och rör ner näringsjäst, citronsaft och ost. Tillsätt så mycket av den återstående 1/4 kopp buljong som behövs för en krämig konsistens. Överför fusilli till en stor skål, täck över och ställ i kylen i 1 till 2 timmar.
e) Sätt upp 3 muddringsstationer. Häll resterande 1/4 kopp kikärtsmjöl i en grund skål. Blanda linäggen och kallt vatten i en andra grund skål. Kombinera brödsmulor, rökt paprika och cayenne i en tredje grund skål. Förvärm airfryern till 390°F i 3 minuter.
f) Skopa ur 2 matskedar av den kylda mac'n'osten och rulla till en boll tills du har gjort 8 bollar. Rulla varje boll i kikärtsmjölet (skaka var och en för att ta bort överflödigt mjöl), doppa sedan bollen i linägget och belägg slutligen bollen med brödsmulsblandningen. Lägg var och en åt sidan på en plåt eller en bit bakplåtspapper tills alla 8 mac 'n' ostbollar är förberedda.
g) Överför bollarna till air fryer-korgen. Koka i 8 minuter eller tills de är gyllenbruna.

24.Friterade grönsakswontons

INGREDIENSER:

- 1/4 kopp finhackade morötter
- 1/4 kopp finhackad extra fast tofu
- 1/4 kopp finhackad shiitakesvamp
- 1/2 kopp finhackad kål
- 1 msk finhackad vitlök
- 1 tsk torkad mald ingefära
- 1/4 tsk vitpeppar
- 2 tsk sojasås, delad
- 1 tsk sesamolja
- 2 tsk potatisstärkelse eller majsstärkelse
- 16 veganska wonton-omslag
- 1 till 2 spritsar rapsolja eller extra virgin olivolja
- Kryddig sojadoppsås

INSTRUKTIONER:

a) I en stor skål, kombinera morötter, tofun, svamp, kål, vitlök, ingefära, vitpeppar och 1 tesked sojasås.

b) I en liten skål, kombinera den återstående 1 tsk sojasås, sesamolja och potatisstärkelse. Vispa tills stärkelsen är helt blandad. Häll över tofun och grönsakerna och blanda väl med händerna.

c) Ställ en liten skål med vatten bredvid din arbetsyta för att göra dumplings. Lägg ett wontonomslag platt, blöt sidorna med vatten med fingret och lägg 1 matsked av fyllningen i mitten. Dra alla 4 hörn av omslaget upp till toppen och mitten och nyp ihop dem. Ställ in wontons i air fryer-korgen. Upprepa denna process, vilket gör totalt 16 wonton. Spritsa wontons med rapsolja. Koka i 360°F i 6 minuter, skaka halvvägs genom tillagningstiden.

d) Överför de stekta wontonsna till en tallrik och servera med dipsåsen.

25. Kryddig sojadoppsås

INGREDIENSER:
- 1 matsked sojasås med låg natriumhalt
- 1 tsk risvinäger
- 1/2 tsk chilipasta

INSTRUKTIONER:
a) I en liten skål, kombinera sojasås, vinäger och chilipasta.

26. Stekt avokado

INGREDIENSER:
- 1/4 kopp oblekt universalmjöl
- 1 linägg
- 1/2 kopp panko brödsmulor
- 1 tsk chilipulver
- 1 mogen Hass avokado, urkärnad och skalad
- 2 till 3 spritsar rapsolja eller extra virgin olivolja

INSTRUKTIONER:
a) Lägg mjölet i en grund form. Lägg linägget i en andra grund form. Blanda pankobrödsmulorna och chilipulvret i en tredje grund form.
b) Muddra varje avokadohalva genom de tre bestrykningsstationerna: täck den med mjöl, doppa den i linägget och täck den med pankobrödsmulorna.
c) Spraya air fryer korgen med olja. Lägg de belagda avokadohalvorna i ett enda lager i air fryer-korgen. Spritsa avokadohalvorna med olja. Koka i 390°F i 12 minuter.

27. Beany Jackfruit Taquitos

INGREDIENSER:
- 1 (14-ounce) burk vattenpackad jackfruit, avrunnen och sköljd
- 1 kopp kokta eller konserverade röda bönor, avrunna och sköljda
- 1/2 kopp pico de gallo sås
- 1/4 kopp plus 2 matskedar vatten
- 4 (6-tums) majs- eller fullkornstortillas
- 2 till 4 spritsar rapsolja eller extra virgin olivolja

INSTRUKTIONER:
a) I en medelstor kastrull eller tryckkokare, kombinera jackfrukten, bönorna, pico de gallo och vatten. Om du använder en kastrull, värm jackfruktblandningen på medelhög värme tills den börjar koka. Sänk värmen, täck kastrullen och låt sjuda i 20 till 25 minuter. Om du använder en tryckkokare, täck över tryckkokaren, sätt på tryck, koka vid lågt tryck i 3 minuter och använd sedan en naturlig frisättning.
b) Mosa jackfruktblandningen med en gaffel eller potatisstöt. Du siktar på att strimla jackfrukten till en köttig konsistens. Förvärm airfryern till 370°F i 3 minuter.
c) Lägg en tortilla på en arbetsyta. Sked 1/4 kopp av jackfruktblandningen på tortillan. Rulla ihop den hårt och tryck tillbaka någon av blandningen som faller ut i tortillan. Upprepa denna process för att göra 4 taquitos.
d) Spraya air fryer korgen med olja. Spritsa även toppen av tortillorna. Lägg de rullade tortillorna i air fryer-korgen. Koka i 370°F i 8 minuter.

28.Luftfriterade pretzels

INGREDIENSER:

- 3/4 kopp varmt vatten (110 till 115 ° F)
- 1 tsk snabbjäst
- 1/2 tsk salt
- 2 tsk strösocker
- 1 1/2 koppar oblekt universalmjöl, delat, plus mer efter behov
- 4 1/2 dl vatten
- 1/4 kopp bakpulver
- 1 1/4 tsk grovt havssalt

INSTRUKTIONER:

a) Vispa ihop det varma vattnet och jästen i en stor måttbägare. Tillsätt salt och socker och rör om tills det blandas.
b) Kombinera 1 kopp mjöl med jästblandningen i en medelstor blandningsskål, rör om med en träslev. Tillsätt ytterligare 1/4 kopp mjöl, rör om tills degen inte längre är klibbig och är lätt att hantera.
c) Strö ut resterande 1/4 kopp mjöl på en arbetsyta. Överför degen till arbetsytan och knåda den i 3 till 4 minuter. Tillsätt mer mjöl om degen fastnar på arbetsytan eller händerna.
d) Efter att ha knådat degen, forma den till en 5 x 5 x 1/2-tums fyrkant.
e) Koka upp vattnet och bakpulver i en stor gryta på medelhög värme.
f) Skär under tiden degblocket på längden i 5 remsor.
g) Rulla ut varje remsa till 12-tums rep. Ta båda ändarna av ett rep, dra ihop dem och gör en hel vridning, använd händerna för att forma en cirkel med degen kvar på arbetsytan. Tryck in ändarna av degen i cirkeln och forma den ikoniska kringlaformen. Upprepa denna process med de återstående repen och gör 5 kringlor.
h) Lägg 1 kringla på en hålslev och lägg den försiktigt i det kokande vattnet. Den kommer att sjunka och sedan flyta till toppen på cirka 20 till 30 sekunder. Ta bort kringlan med en hålslev och överför till den en bakmatta av silikon eller en bit bakplåtspapper.
i) Upprepa denna process med de återstående 4 kringlorna.
j) Förvärm airfryern till 390°F i 5 minuter. Strö 1/4 tsk salt på varje kringla.
k) Överför kringlorna till air fryer-korgen. Om du använder en stor airfryer med ett gallertillbehör kan du placera 2 större kringlor direkt på korgen och 3 mindre på gallret. Om du använder en mindre airfryer eller om det inte finns något galler tillgängligt, stek kringlorna i omgångar.
l) Koka i 390°F i 5 till 6 minuter. Börja kolla på dem efter 3 minuter. Du letar efter ett gyllene till mörkbrunt resultat. Ta bort kringlorna från airfryern med en spatel.

29.Stekt tofu med jordnötssås

INGREDIENSER:
Stekt TOFU
- 1 (12 ounce) förpackning fast tofu, avrunnen och pressad
- 1/2 kopp majsmjöl
- 1/4 kopp majsstärkelse
- 1/2 tsk havssalt
- 1/2 tsk vitpeppar
- 1/2 tsk röd paprikaflingor
- 1 till 2 skvätt sesamolja

JORDNÖTSSÅS
- 1 (1-tums) bit färsk ingefära, skalad
- 1 vitlöksklyfta
- 1/2 kopp krämigt jordnötssmör
- 2 matskedar lågnatrium tamari
- 1 msk färsk limejuice
- 1 tsk lönnsirap
- 1/2 tsk chilipasta
- 1/4 till 1/2 kopp vatten, efter behov
- 1/4 kopp finhackad salladslök

INSTRUKTIONER:
a) Tofu: Skär tofun i 16 tärningar och ställ åt sidan. I en medelstor skål, kombinera majsstärkelse, majsmjöl, salt, vitpeppar och rödpepparflingor. Tillsätt tofun i tärningar och täck väl. Överför tofun till air fryer-korgen. Spritsa med sesamoljan. Koka i 20 minuter vid 350°F, skaka försiktigt halvvägs genom tillagningstiden.

b) Jordnötssås: Mixa ingefära, vitlök, jordnötssmör, tamari, limejuice, lönnsirap och chilipasta i en mixer tills den är slät. Tillsätt vatten, om det behövs för en tjock konsistens som är tunn nog att ringla. För att servera, överför tofun till ett serveringsfat.

c) Häll jordnötssåsen i en liten doppskål och toppa med salladslöken.

30.Panerad svamp

INGREDIENSER:

- 2 stora portobellosvampkapsyler, lätt sköljda och torkade
- 1/2 kopp sojamjöl
- 1/2 tsk granulerad lök
- 1/4 tsk torkad oregano
- 1/4 tsk torkad basilika
- 1/4 tsk granulerad vitlök
- 1/2 tsk svartpeppar, delad
- 1/2 dl iskallt vatten
- 2 matskedar Follow Your Heart VeganEgg eller 1 Linägg
- 1/8 kopp sojamjölk
- 1 tsk lågnatrium tamari
- 1 dl panko brödsmulor
- 1/4 tsk havssalt
- 1 till 2 spritsar rapsolja eller extra virgin olivolja

INSTRUKTIONER:

a) Skär portobellokapslarna i 1/4-tums tjocka skivor. Kombinera mjöl, granulerad lök, oregano, basilika, granulerad vitlök och 1/4 tesked av paprikan i en grund skål eller tallrik.

b) Vispa ihop vattnet och VeganEgg. Häll blandningen i en grund skål. Tillsätt sojamjölken och tamarien. Häll pankobrödsmulorna i en tredje grund form eller tallrik och tillsätt saltet och återstående svartpeppar, blanda väl.

c) Arbeta i omgångar, lägg svampen i mjölblandningen, muddra för att belägga dem väl. Skaka av eventuellt överflödigt mjöl och doppa svampen i mjölkblandningen. Skaka av överflödig vätska, lägg sedan svampen i ströbrödet och täck dem väl. Lägg de panerade svamparna på en plåt täckt med bakplåtspapper och upprepa denna process tills all svamp är panerad.

d) Spraya air fryer korgen med olja. Lägg de panerade svamparna i airfryer-korgen (du kan behöva göra detta i omgångar) och tillaga vid 360°F i 7 minuter, skaka halvvägs genom tillagningstiden.

31. Vegan Wings

INGREDIENSER:
- 1/4 kopp mjölkfritt smör
- 1/2 kopp Franks RedHot Original Cayenne Pepper Sauce eller din favorit cayenne varm sås
- 2 vitlöksklyftor
- 16 till 18 uns Baked Chick'n-Style Seitan , skuren i 8 till 10 bitar, eller WestSoy eller Pacific-märken kyckling-stil seitan
- 1/4 kopp kikärtsmjöl
- 1/4 kopp majsmjöl

INSTRUKTIONER:
a) Kombinera smöret, den heta såsen och vitlöken i en liten kastrull på medelvärme i 3 till 5 minuter. Häll hälften av såsen i en skål. Avsätta.
b) Tillsätt seitanbitarna i såsen i pannan. Blanda väl för att täcka seitanen.
c) Blanda mjöl och majsmjöl i en grund skål.
d) Förvärm airfryern till 370°F i 3 minuter. Muddra seitanbitarna i mjölblandningen, täck dem väl. Lägg seitanen i airfryern. Koka vid 370°F i 7 minuter, skaka i 3 minuter.
e) Överför vingarna till skålen med den reserverade varma såsen. Kasta och servera med icke-mejerihaltig ädelost eller ranchdressing.

32.Rostade grillkikärter

INGREDIENSER:
- 1 (15-ounce) burk kikärter, avrunna, sköljda och klappade torra
- 1 tsk jordnötsolja
- 1/2 tsk lönnsirap
- 1 tsk paprika
- 1 tsk vitlökspulver
- 1/2 tsk svartpeppar
- 1/2 tsk mald senap
- 1/2 tsk chipotlepulver

INSTRUKTIONER:
a) Kombinera kikärtorna, oljan och lönnsirapen i en stor skål, släng kikärtorna till beläggning. Strö paprika, vitlökspulver, peppar, senap och chipotlepulver över kikärtorna och blanda tills alla kikärter är väl belagda.
b) Överför kikärtorna till air fryer-korgen. Koka vid 400°F i 15 minuter, skaka var 5:e minut.

33.Balsamic örttomater

INGREDIENSER:
- 1/4 kopp balsamvinäger
- 1/2 tsk grovt havssalt
- 1/4 tsk mald svartpeppar
- 1 msk torkad oregano
- 1 tsk röd paprikaflingor
- 2 stora, fasta tomater, var och en skuren i 4 skivor
- Extra virgin olivolja spray

INSTRUKTIONER:
a) Häll vinägern i en grund form. Rör ner salt, peppar, oregano och rödpepparflingor.
b) Doppa varje tomatskiva i vinägerblandningen. Förvärm airfryern till 360°F i 3 minuter.
c) Ordna tomaterna, i ett enda lager, på en grillinsats eller direkt i airfryern (du bör kunna tillaga 2 till 4 skivor åt gången, beroende på storleken på din airfryer). För att öka tillagningskapaciteten, placera ett gallertillbehör över grillinsatsen eller korgen, vilket gör att två lager tomater kan tillagas samtidigt.
d) Sked den återstående vinägerblandningen över varje tomat. Sprid oljan över tomaterna. Koka i 360°F i 5 till 6 minuter. Ta försiktigt bort tomaterna med en spatel.

34.Palsternacka pommes frites

INGREDIENSER:
- 2 medelstora palsternacka, putsade och väl tvättade
- 1 tsk avokadoolja eller rapsolja
- 1 tsk mald kanel
- 1/2 tsk malen spiskummin
- 1/2 tsk paprika
- 1/2 tsk mald koriander
- 1/2 tsk havssalt
- 1/4 tsk svartpeppar
- 1/2 tsk majsstärkelse
- 1 msk dinkelmjöl eller brunt rismjöl

INSTRUKTIONER:
a) Putsa toppar och bottnar av palsternackan. Dela på mitten på längden. Halvera eller fjärdedelar de tjocka delarna på längden tills alla bitar av palsternacka är ungefär lika stora.
b) Överför dem till en stor skål. Tillsätt olja, kanel, spiskummin, paprika, koriander, salt och peppar.
c) I en liten skål, kombinera majsstärkelse och mjöl. Strö majsstärkelseblandningen över palsternackorna och rör om med en tång tills den är väl belagd.
d) Koka palsternackorna vid 370°F i 15 minuter, eller tills de är gyllenbruna, skaka halvvägs genom tillagningstiden.

35.Buffalo blomkål

INGREDIENSER:
- 1 stort blomkålhuvud
- 1 kopp oblekt universalmjöl
- 1 tsk vegansk kycklingbuljonggranulat (eller Butler Chik-stilskrydda)
- 1/4 tsk cayennepeppar
- 1/4 tsk chilipulver
- 1/4 tsk paprika
- 1/4 tsk torkade chipotle chileflakes
- 1 kopp sojamjölk
- Canolaolja spray
- 2 matskedar mjölkfritt smör
- 1/2 kopp Franks RedHot Original Cayenne Pepper Sauce eller din favorit cayenne varm sås
- 2 vitlöksklyftor, hackade

INSTRUKTIONER:

a) Skär blomkålen i lagom stora bitar. Skölj och låt rinna av blomkålsbitarna.

b) Kombinera mjöl, buljonggranulat, cayenne, chilipulver, paprika och chipotleflingor i en stor skål. Vispa långsamt i mjölken tills en tjock smet bildas.

c) Spraya airfryerkorgen med rapsolja och förvärm airfryern till 390°F i 10 minuter.

d) Medan airfryern förvärms, släng ner blomkålen i smeten. Överför den misshandlade blomkålen till air fryer-korgen. Koka i 20 minuter på 390°F. Vänd blomkålsbitarna med en tång i 10 minuter (var inte rädd om de fastnar).

e) Efter att ha vänt blomkålen, värm smör, varm sås och vitlök i en liten kastrull på medelhög värme. Koka upp blandningen, sänk värmen för att sjuda och täck. När blomkålen är kokt, överför den till en stor skål. Häll såsen över blomkålen och rör försiktigt med en tång. Servera omedelbart.

36.Ostig dill Polenta bites

INGREDIENSER:
- 1 kopp lätt kulinarisk kokosmjölk
- 3 dl grönsaksbuljong
- 3 vitlöksklyftor, hackade
- 1/2 tsk mald gurkmeja
- 1/2 tsk torkad dill
- 1 kopp torkad polenta eller majsmjöl
- 1 matsked mjölkfritt smör
- 2 msk näringsjäst
- 1 tsk färsk citronsaft
- Canolaolja spray

INSTRUKTIONER:
FÖR POLENTA:
a) I en tryckkokare eller snabbkokare: Kombinera mjölk, buljong, vitlök, gurkmeja, dill och polenta i en tryckkokare utan lock (eller en multikokare, till exempel en snabbkokare).
b) Täck tryckkokaren och sätt på tryck. Koka på högt tryck i 5 minuter. Använd en naturlig release efter 15 minuter. Om du använder en multicooker, välj manuell och högtryck i 5 minuter. Ta av locket och rör ner smör, näringsjäst och citronsaft.
c) På spishällen: Koka upp mjölk, buljong, vitlök, gurkmeja och dill på medelhög värme i en stor kastrull.
d) Häll långsamt polentan i den kokande mjölkblandningen, vispa hela tiden tills all polentan är inkorporerad och det inte finns några klumpar. Sänk värmen till låg och låt sjuda, vispa ofta, tills polentan börjar tjockna, cirka 5 minuter.
e) Polentan ska fortfarande vara något lös. Täck kastrullen och koka i 30 minuter, vispa var 5:e till 6:e minut. När polentan är för tjock för att vispa, rör om den med en träslev. Polentan är färdig när dess konsistens är krämig och de enskilda kornen är möra.
f) Stäng av värmen och rör försiktigt ner smöret i polentan tills smöret delvis smält.
g) Blanda ner näringsjästen och citronsaften i polentan. Täck kastrullen och låt polentan stå i 5 minuter för att tjockna.
h) Ställ den varma polentan åt sidan för att svalna (du kan överföra polentan till en medelstor skål och kyla i 15 minuter för att påskynda processen).

FÖR POLENTABETTEN:
i) Rulla 1/8-kopps skopor polenta till bollar och arrangera dem i airfryern i ett enda lager. (Beroende på storleken på din fritös kan du behöva laga mat i omgångar.)
j) Spritsa dem med rapsolja. Koka vid 400°F i 12 till 14 minuter, skaka i 6 minuter.

37. Rostad brysselkål

INGREDIENSER:
- 1 pund brysselkål
- 2 msk sojasås
- 1 msk risvinäger
- 1 tsk rapsolja
- 1 msk finhackad vitlök
- 1/2 tsk vitpeppar

INSTRUKTIONER:
a) Putsa brysselkålens bottnar och skär varje grodd på mitten uppifrån och ned (de yttre bladen faller lätt av). Skölj och låt rinna av. Överför brysselkålen till en stor skål.
b) Vispa ihop sojasås, vinäger, olja, vitlök och vitpeppar i en liten skål. Häll över brysselkålen. Kasta försiktigt med en tång, täck väl.
c) Förvärm airfryern till 390°F i 3 minuter. Överför brysselkålen till airfryer-korgen. Koka i 12 minuter, skaka halvvägs genom tillagningstiden.

38. Rostad ekollon squash

INGREDIENSER:
- 1 (16 ounce) ekollon squash, tvättad
- 1/4 kopp grönsaksbuljong
- 2 msk näringsjäst
- 3 vitlöksklyftor, hackade

INSTRUKTIONER:
a) Dela squashen på mitten och gröp ur fröna med en sked. (Sätt fröna åt sidan för att göra Tamari Squashfrön. Skiva av änden av varje bit för att få en platt botten.
b) Lägg varje squashhalva i airfryern, med köttsidan uppåt. Koka i 360°F i 10 minuter.
c) I en liten skål, vispa ihop buljong, näringsjäst och vitlök.
d) Efter 10 minuter öppnar du frityrkorgen och häller 1/8 kopp av vitlökssåsen över den ena squashhalvan och 1/8 kopp över den andra squashhalvan. Såsen kommer att lägga sig i "skålen" på squashen.
e) Använd en borste för att täcka toppen av squashen. Öka värmen till 390°F och fortsätt koka i 5 minuter längre, tills squashen är mjuk.
f) Ta bort squashhalvorna från airfryern och skiva dem eller använd dem som ätbara serveringsskålar.

39. Tamari Squashfrön

INGREDIENSER:
- 1/4 till 1/2 kopp ekollon eller butternut squashfrön (mängden varierar med storleken på squashen)
- 2 matskedar lågnatrium tamari eller lågnatrium sojasås
- 1/4 tsk vitpeppar eller nymalen svartpeppar

INSTRUKTIONER:
a) Skölj squashfröna väl, ta bort eventuella strängar eller bitar av squash. Överför dem till en liten skål eller måttbägare. Häll tamarien över fröna och låt dem marinera i 30 minuter.
b) Töm (men skölj inte) fröna.
c) Förvärm airfryern till 390°F i 3 minuter. Överför fröna till air fryer-korgen och strö över vitpeppar. Koka i 390°F i 6 minuter, skaka halvvägs genom tillagningstiden.
d) Ät fröna omedelbart eller förvara dem i en lufttät behållare i 3 dagar.

40.Lökringar

INGREDIENSER:

- 1 stor lök, skär i 1/4-tums tjocka skivor
- 1 kopp oblekt universalmjöl
- 1/4 kopp kikärtsmjöl
- 1 tsk bakpulver
- 1 tsk havssalt
- 1/2 kopp aquafaba eller vegansk äggersättning
- 1 kopp sojamjölk
- 3/4 kopp panko brödsmulor

INSTRUKTIONER:

a) Förvärm airfryern till 360°F i 5 minuter. Dela lökskivorna i ringar.
b) Kombinera allsidigt mjöl, kikärtsmjöl, bakpulver och salt i en liten skål.
c) Muddra lökskivorna i mjölblandningen tills de är väl täckta. Avsätta.
d) Vispa ner aquafaba och mjölk i resten av mjölblandningen. Doppa de mjölade lökringarna i smeten för att täcka.
e) Fördela pankobrödsmulorna på en tallrik eller grund form och muddra ringarna i smulorna, täck väl.
f) Lägg lökringarna i luftfritösen i ett enda lager och koka i 7 minuter vid 360°F, skaka halvvägs genom tillagningstiden. Om du har en mindre fritös kan du behöva laga mat i omgångar.

41.Maple Butternut Squash

INGREDIENSER:
- 1 stor butternut squash, skalad, halverad, kärnad och skuren i 1-tums bitar
- 1 tsk extra virgin olivolja eller rapsolja
- 2 msk lönnsirap
- 1 tsk mald kanel
- 1/2 tsk mald kardemumma
- 1/2 tsk torkad timjan
- 1/2 tsk havssalt

INSTRUKTIONER:
a) Förvärm airfryern till 390°F. Lägg squashen i en stor mixerskål. Tillsätt olja, lönnsirap, kanel, kardemumma, timjan och salt och rör om för att täcka squashen.
b) Överför squashen till air fryer-korgen. Koka i 20 minuter eller tills de fått färg, skaka om halvvägs genom tillagningstiden.

42.Grönkålschips

INGREDIENSER:
- 8 koppar grönkål
- 1 tsk rapsolja eller extra virgin olivolja
- 1 tsk risvinäger
- 1 tsk sojasås
- 2 msk näringsjäst

INSTRUKTIONER:
a) Tvätta och låt rinna av grönkålen. Överför det till en stor skål. Riv grönkålen i 2-tums bitar. Undvik att riva bitar för små, eftersom vissa fritöser, med kraftfull forcerad luft, kan dra in grönkålen i värmeelementet.
b) Tillsätt olja, vinäger, sojasås och näringsjäst i skålen. Använd händerna och massera in alla ingredienser i grönkålen i cirka 2 minuter.
c) Överför grönkålen till air fryer-korgen. Koka i 360°F i 5 minuter. Skaka korgen. Öka värmen till 390°F och koka i 5 till 7 minuter till.

43.Stekta gröna tomater

INGREDIENSER:
- 1/2 kopp potatisstärkelse
- 1 dl sojamjöl, delat
- 1/4 kopp sojamjölk
- 2 msk näringsjäst
- 1/2 till 1 tsk varm sås
- 1/4 kopp mandelmjöl
- 1/4 kopp panko brödsmulor
- 1 tsk rökt paprika
- 1 tsk havssalt
- 1/4 tsk svartpeppar
- 2 stora gröna eller heirloom tomater, skurna i 1/2-tums tjocka skivor
- 2 till 4 spritsar rapsolja

INSTRUKTIONER:
a) I en grund skål, kombinera potatisstärkelse och 1/2 kopp sojamjöl.
b) I en andra grund skål, kombinera mjölken, näringsjästen och den heta såsen.
c) I en tredje grund skål, kombinera den återstående 1/2 kopp sojamjöl, mandelmjöl, panko brödsmulor, rökt paprika, salt och peppar.
d) Klä tomaterna i potatisstärkelseblandningen. Skaka av överflödig stärkelse och doppa sedan tomaterna i mjölkblandningen för att täcka. Skaka av överflödig mjölk och muddra sedan tomaterna i den kryddade sojamjölsblandningen.
e) Spraya air fryer korgen med olja. Lägg så många tomater du kan i air fryer-korgen. Spritsa toppen av tomaterna med mer olja.
f) Koka i 320°F i 3 minuter. Skaka airfryer-korgen försiktigt. Öka värmen till 400°F och koka i ytterligare 2 minuter.

44. Aubergine parmesan

INGREDIENSER:

- 1 medelstor aubergine
- 1/2 kopp oblekt universalmjöl
- 1 Linägg eller motsvarande Follow Your Heart VeganEgg eller Ener-G Egg Replacer
- 1 1/2 dl panko brödsmulor
- 2 till 4 spritsar extra virgin olivolja
- 1/2 kopp marinarasås
- 1/2 kopp strimlad icke-mjölkfri parmesanost

INSTRUKTIONER:

a) Tvätta auberginen och torka den. Skiva auberginen, gör 8 (1/2-tums tjocka) rundor.
b) Sätt upp en tredelad muddringsstation med tre grunda skålar, med mjölet i den första, linägg i den andra och pankobrödsmulor i den tredje. Spraya air fryer korgen med olja.
c) Muddra en aubergine i mjölet, täck väl. Doppa auberginerundan i linägget och muddra den sedan i pankobrödsmulorna. Skaka av eventuellt överflödigt brödsmulor och lägg auberginerundan i airfryer-korgen. Upprepa denna process med fler av auberginerundorna. Om du har ett gallertillbehör, placera det i airfryer-korgen och fortsätt att täcka de återstående auberginerundorna och lägg dem på gallret. Om du har en mindre fritös eller inget galler för att lägga till en andra nivå av matlagning, luftsteker du auberginerundorna i 2 eller 3 omgångar. Spritsa toppen av varje auberginerund med olivolja. Koka i 360°F i 12 minuter, tills de är gyllenbruna.
d) Värm marinarasåsen i en liten kastrull på medelvärme.
e) Öppna fritösen efter 12 minuter och tillsätt 1 msk ost till varje auberginerund och koka i 2 minuter längre. För att servera, tallrik 3 auberginerundor per person på en liten tallrik. Skeda 2 msk marinarasås över auberginen.

45.Blandade grönsaker

INGREDIENSER:

- 3 msk malda linfrö
- 1/2 kopp vatten
- 2 medelstora rödbruna potatisar
- 2 koppar frysta blandade grönsaker (morötter, ärtor och majs), tinade och avrunna
- 1 dl frysta ärtor, tinade och avrunna
- 1/2 dl grovhackad lök
- 1/4 kopp finhackad färsk koriander
- 1/2 kopp oblekt universalmjöl
- 1/2 tsk havssalt
- Extra jungfruolja för spritsning

INSTRUKTIONER:

a) I en liten skål gör du ett linägg genom att blanda linfrö och vatten med en gaffel eller liten visp.

b) Skala potatisen och strimla den i en skål. (Eller använd rivjärnet i en matberedare; om du gör det, flytta tillbaka den strimlade potatisen i en skål.) Tillsätt de blandade grönsakerna och löken till potatisen. Tillsätt koriander och linägg och rör om. Tillsätt mjöl och salt och blanda väl. Förvärm airfryern till 360°F i 3 minuter.

c) Skopa ut 1/3 kopp av potatisblandningen för att bilda en biff. Upprepa denna process tills all blandning har använts för att göra fritterbiffar.

d) Spritsa frittorna med oljan. Överför frittorna till airfryer-korgen (du kan behöva göra flera satser, beroende på storleken på din airfryer). Koka frittorna i 15 minuter, vänd sedan halvvägs genom tillagningstiden.

46.Ostiga klyftpotatis

INGREDIENSER:
POTATISAR
- 1 pund fingerling potatis
- 1 tsk extra virgin olivolja
- 1 tsk kosher salt
- 1 tsk mald svartpeppar
- 1/2 tsk vitlökspulver

OSTSÅS
- 1/2 kopp råa cashewnötter
- 1/2 tsk mald gurkmeja
- 1/2 tsk paprika
- 2 msk näringsjäst
- 1 tsk färsk citronsaft
- 2 matskedar till 1/4 kopp vatten

INSTRUKTIONER:
a) Potatis: Värm fritösen till 400°F i 3 minuter. Tvätta potatisen. Skär potatisen i hälften på längden och lägg över den i en stor skål. Tillsätt olja, salt, peppar och vitlökspulver till potatisen. Kasta till beläggning. Överför potatisen till airfryern. Koka i 16 minuter, skaka halvvägs genom tillagningstiden.
b) Ostsås: Kombinera cashewnötter, gurkmeja, paprika, näringsjäst och citronsaft i en snabbmixer. Mixa på låg, öka långsamt hastigheten och tillsätt vatten efter behov. Var noga med att undvika att använda för mycket vatten, eftersom du vill ha en tjock, ostliknande konsistens.
c) Överför den kokta potatisen till en airfryer-säker panna eller en bit bakplåtspapper. Ringla ostsåsen över klyftpotatisen. Placera pannan i fritösen och koka i ytterligare 2 minuter vid 400°F.

47.Hasselbackspotatis

INGREDIENSER:
- 2 medelstora rödbruna potatisar
- 2 spritsar extra jungfruolja
- 1/4 tsk havssalt
- 2 nypor svartpeppar
- 1 tsk finhackad vitlök

INSTRUKTIONER:
a) Tvätta potatisen väl. För att skära potatisen, lägg ner den på sina flataste sidor i en stor sked (för att förhindra att du skär hela vägen genom dem). Med en vass kniv, skiva ner från toppen tills kniven Serverar: kontakt med sked. Gör 1/8-tums skivor över potatisen.
b) Spritsa potatisen med oljan (eller pensla den med grönsaksbuljong) och strö hälften av saltet och en nypa svartpeppar på varje. Lägg potatisen i fritösen och koka i 20 minuter vid 390°F.
c) Ta ut korgen från fritösen och pressa in 1/2 tsk vitlök mellan skivorna av varje potatis. Lägg tillbaka potatisen i fritösen och koka i ytterligare 15 till 20 minuter. (Den totala tillagningstiden bör vara cirka 35 till 40 minuter, längre om du använder stor potatis.)

48.Poutine

INGREDIENSER:
- 3 medelstora rödbruna potatisar, skurna i 1/4-tums skivor och skär igen i 1/4-tums remsor
- 1 tsk jordnötsolja eller rapsolja
- 2 koppar Mushroom White Bean Gravy eller Pacific eller Imagine märken svampsås
- 1/2 kopp grovt hackad Daiya Jalapeño Havarti Style Farmhouse Block ost eller Follow Your Heart strimlad parmesanost

INSTRUKTIONER:
a) Skölj potatisfritesen i kallt vatten. Blötlägg i 20 minuter. Skölj, låt rinna av och klappa potatisen torr med hushållspapper. Överför pommes fritesen till en stor skål och blanda med jordnötsoljan.
b) Lägg pommes fritesen i frityrkorgen och koka i 20 minuter vid 390°F, skaka halvvägs genom tillagningstiden.
c) Medan pommes frites kokar gör du såsen.
d) När pommes fritesen är helt genomstekt, lägg dem på 4 portionsfat. Strö 2 msk ost och sked sedan 1/2 kopp sås över varje portion.

49. Sötpotatis pommes frites

INGREDIENSER:
- 2 stora vita sötpotatisar, skurna i 1/4-tums skivor och skär igen i 1/4-tums remsor
- 1/4 kopp mörk vegansk öl
- 1 tsk röd miso
- 1 tsk rapsolja
- 1 msk ljust farinsocker
- 1 tsk mald kanel
- 1/2 tsk malen spiskummin
- 1/2 tsk havssalt

INSTRUKTIONER:
a) Skölj pommes fritesen i kallt vatten. Överför pommes fritesen till en stor skål. Vispa ihop öl, miso och olja i en liten skål. Ringla ölblandningen över pommes fritesen, blanda väl och ställ åt sidan i 20 minuter.
b) Häll av pommes fritesen och lägg tillbaka dem i skålen. Strö farinsocker, kanel, spiskummin och salt över pommes fritesen. Rör om tills det är väl täckt.
c) Koka pommes fritesen i 15 till 20 minuter vid 320°F, tills de är gyllenbruna.

50. Umami Fries

INGREDIENSER:

- 2 stora rödbruna potatisar, skurade
- 1/4 kopp varmt vatten
- 1 msk Marmite eller Vegemite
- 1 msk äppelcidervinäger
- Skär potatisen i 1/4-tums skivor, skär sedan skivorna i 1/4-tums remsor.

INSTRUKTIONER:

a) Överför pommes fritesen till en grund bakplåt eller kantad bakplåt.
b) Häll vattnet i en mixer.
c) Sätt på mixern och ringla långsamt i Marmite.
d) Tillsätt vinägern, öka mixerhastigheten till hög och mixa i bara några sekunder. Häll Marmite-blandningen över pommes fritesen. Kasta pommes fritesen med en tång eller använd händerna för att se till att pommes fritesen är täckta med marinad.
e) Täck över och ställ åt sidan i cirka 15 minuter.
f) Förvärm airfryern till 360°F i 3 minuter. Häll av pommes fritesen och överför dem till airfryern.
g) Tillaga vid 360°F i 16 till 20 minuter, skaka halvvägs genom tillagningstiden.

HUVUDRÄTT

51.Rödbetor med Orange Gremolata

INGREDIENSER:
- 3 medelstora färska gyllene betor (ca 1 pund)
- 3 medelstora färska rödbetor (ca 1 pund)
- 2 msk limejuice
- 2 msk apelsinjuice
- 1/2 tsk fint havssalt
- 1 msk finhackad färsk persilja
- 1 msk finhackad färsk salvia
- 1 vitlöksklyfta, finhackad
- 1 tsk rivet apelsinskal
- 2 msk solroskärnor

INSTRUKTIONER:
a) Förvärm airfryern till 400°.
b) Skrubba rödbetor och trimma toppar med 1 tum. Placera rödbetor på en dubbeltjocklek av kraftig folie (ca 24x12 tum). Vik folie runt rödbetor, förslut tätt.
c) Lägg i ett enda lager på en bricka i en airfryer-korg. Koka tills de är mjuka, 4555 minuter. Öppna folien försiktigt så att ånga kan komma ut.
d) När den är tillräckligt kall för att hantera, skala, halvera och skiva rödbetor; lägg i en serveringsskål. Tillsätt limejuice, apelsinjuice och salt; kasta till beläggning. Kombinera persilja, salvia, vitlök och apelsinskal; strö över rödbetor. Toppa med solroskärnor. Servera varm eller kyld.

52. Lax med balsamico spenat

INGREDIENSER:
- 3 tsk olivolja, uppdelad
- 4 laxfiléer (6 uns vardera)
- 1 1/2 tsk skaldjurskrydda med reducerat natrium
- 1/4 tsk peppar
- 1 vitlöksklyfta, skivad
- Dash krossade rödpepparflingor
- 10 koppar färsk babyspenat (ca 10 uns)
- 6 små tomater, kärnade och skär i 1/2in. bitar
- 1/2 kopp balsamvinäger

INSTRUKTIONER:
a) Förvärm airfryern till 450°. Gnid 1 tsk olja över båda sidorna av laxen; strö över skaldjurskrydda och peppar.
b) Lägg vid behov laxen i omgångar på en smord bricka i en airfryer-korg. Koka tills fisken precis börjar flagna lätt med en gaffel, 1012 minuter.
c) Placera under tiden resterande olja, vitlök och pepparflingor i en 6qt. stockpot; värm på medel-låg värme tills vitlöken är mjuk i 34 minuter. Öka värmen till medelhög.
d) Tillsätt spenat; koka och rör om tills vissnat, 34 minuter. Rör ner tomater; värma igenom. Dela på 4 uppläggningsfat.
e) Koka upp vinäger i en liten kastrull. Koka tills vinägern reducerats till hälften, 23 minuter. Ta genast bort från värmen.
f) För att servera, lägg laxen över spenatblandningen. Ringla över balsamicoglasyr.

53. Vitlök-ört Fried Patty Pan Squash

INGREDIENSER:
- 5 koppar halverad liten patty-panna squash (ca 11/4 pund)
- 1 msk olivolja
- 2 vitlöksklyftor, hackade
- 1/2 tsk salt
- 1/4 tsk torkad oregano
- 1/4 tsk torkad timjan
- 1/4 tsk peppar
- 1 msk finhackad färsk persilja

INSTRUKTIONER:
a) Förvärm en airfryer till 375°. Lägg squash i en stor skål. Blanda olja, vitlök, salt, oregano, timjan och peppar; ringla över squash.
b) Kasta till beläggning. Lägg squash på en smord plåt i en airfryerkorg. Koka tills de är mjuka, 1015 minuter, rör om då och då.
c) Strö över persilja.

54.Svampbiffar

INGREDIENSER:

- 4 stora Portobellosvampar
- 23 matskedar olivolja
- 2 tsk tamari sojasås
- 1 tsk vitlökspuré
- salt att smaka

INSTRUKTIONER:

a) Förvärm Air Fryer till 350F / 180C.
b) Rengör svampen med en fuktig trasa eller borste och ta bort stjälkarna.
c) Blanda olivolja, tamarisoja, vitlökspuré och salt i en skål.
d) Tillsätt svampen och blanda tills den är täckt. Du kan också använda en borste för att belägga svampen med blandningen. Du kan laga mat direkt, eller låta svampen vila i 10 minuter innan tillagning.
e) Lägg till svampen i air fryer-korgen och koka i 810 minuter.
f) Servera Air Fryer-svamparna med vitlök med lite grönsallad.

55. Svamp vitbönssås

INGREDIENSER:
- 1/4 kopp mjölkfritt smör
- 3 vitlöksklyftor, grovt hackade
- 1/2 dl grovhackad gul lök
- 1 dl grovt hackad shiitakesvamp
- 1/8 tsk torkad salvia
- 1/8 tsk torkad rosmarin
- 1/8 tsk mald svartpeppar
- 1 1/4 dl grönsaksbuljong
- 1/4 kopp sojasås med låg natriumhalt
- 1 (15-ounce) burk vita bönor, avrunna och sköljda
- 1/8 till 1/4 kopp näringsjästflingor

INSTRUKTIONER:
a) Hetta upp smöret i en liten kastrull på medelhög värme. Tillsätt vitlök och lök och fräs tills löken är genomskinlig. Tillsätt svamp, salvia, rosmarin och peppar. Blanda väl. Rör ner buljong och soja. Låt blandningen koka upp.
b) Tillsätt bönorna. Använd en stavmixer i kastrullen för att blanda såsen i 20 till 30 sekunder, eller tills den är slät. Alternativt kan du överföra såsen till en mixer och mixa tills den är slät, och sedan tillbaka såsen till kastrullen efter mixning.
c) Täck kastrullen, sänk värmen till medel och koka i 5 minuter, rör om då och då. Tillsätt näringsjästen, rör om väl, täck sedan över kastrullen och låt sjuda i 5 minuter längre, rör om efter behov.

56.Grönkål och potatisnuggets

INGREDIENSER:
- 2 dl finhackad potatis
- 1 tsk extra virgin olivolja eller rapsolja
- 1 vitlöksklyfta, finhackad
- 4 dl löst packad grovhackad grönkål
- 1/8 kopp mandelmjölk
- 1/4 tsk havssalt
- 1/8 tsk mald svartpeppar
- Vegetabilisk olja spray, efter behov

INSTRUKTIONER:
a) Tillsätt potatisen i en stor kastrull med kokande vatten. Koka tills de är mjuka, cirka 30 minuter.
b) Värm oljan på medelhög värme i en stor stekpanna. Tillsätt vitlöken och fräs tills den är gyllenbrun. Tillsätt grönkålen och fräs i 2 till 3 minuter. Överför till en stor skål.
c) Häll av den kokta potatisen och överför den till en medelstor skål. Tillsätt mjölk, salt och peppar och mosa med en gaffel eller potatisstöt. Överför potatisen till den stora skålen och kombinera med den kokta grönkålen.
d) Förvärm airfryern till 390°F i 5 minuter.
e) Rulla potatis- och grönkålsblandningen till 1-tums nuggets. Spraya airfryer-korgen med vegetabilisk olja. Placera nuggets i airfryern och koka i 12 till 15 minuter, tills de är gyllenbruna, skaka i 6 minuter.

57.Enkel luftstekt tofu

INGREDIENSER:
- 1 (14-ounce) förpackning extra fast tofu, fryst, tinad, avrunnen och pressad
- 1 tsk sesamolja
- 1/4 kopp sojasås med låg natriumhalt eller tamari
- 2 msk risvinäger
- 2 tsk mald ingefära, delad
- 2 tsk majsstärkelse eller potatisstärkelse
- 1 tsk kikärtsmjöl eller brunt rismjöl

INSTRUKTIONER:
a) Skär tofublocket i 12 tärningar och överför dem till en lufttät behållare.
b) I en liten skål, vispa ihop oljan, sojasåsen, vinägern och 1 tsk ingefära. Häll oljeblandningen över tofun i tärningar, täck behållaren och ställ i kylen för att marinera i minst 1 timme (helst 8 timmar).
c) Häll av den marinerade tofun och överför den till en medelstor skål. I en liten skål, kombinera majsstärkelse, kikärtsmjöl och den återstående 1 tsk ingefära. Strö majsstärkelseblandningen över den avrunna tofun och blanda försiktigt med en tång, täck alla bitar av tofu.
d) Överför tofun till airfryern. Koka i 350°F i 20 minuter. Skaka i 10 minuter.

58. Mongolisk tofu

INGREDIENSER:
- Enkel luftstekt tofu
- 1/4 kopp sojasås med låg natriumhalt
- 1/4 kopp vatten
- 1/8 kopp socker
- 3 vitlöksklyftor, hackade
- 1/4 tsk mald ingefära

INSTRUKTIONER:

a) Medan tofun kokar i fritösen, kombinera sojasås, vatten, socker, vitlök och ingefära i en kastrull på medelhög värme. Koka upp blandningen försiktigt, sänk sedan omedelbart värmen till låg och låt sjuda, rör om då och då.

b) När tofun är klar, överför den till kastrullen, vik försiktigt ner tofun i såsen tills alla tärningar är täckta. Täck över och låt sjuda på låg nivå i cirka 5 minuter (eller tills tofun har absorberat såsen).

59. Sesam-Crusted Tofu

INGREDIENSER:

- 1 (14-ounce) förpackning extra fast tofu, fryst, tinad, avrunnen och pressad
- 1/4 kopp tamari eller sojasås
- 1/8 kopp risvinäger
- 1/8 kopp mirin (se anmärkning)
- 2 tsk sesamolja
- 2 tsk ljus eller mörk agavesirap eller vegansk honung
- 2 tsk finhackad vitlök
- 1 tsk riven färsk ingefära
- 1 till 2 spritsar rapsolja
- 2 msk svarta sesamfrön
- 2 msk vita sesamfrön
- 1 tsk potatisstärkelse

INSTRUKTIONER:

a) Lägg tofun i en lufttät behållare som är ungefär lika stor som tofublocket så att marinaden täcker den helt. I en liten skål, kombinera tamari, vinäger, mirin, sesamolja, agave, vitlök och ingefära. Häll marinaden över tofun, täck behållaren och ställ i kylen i 1 till 8 timmar (ju längre desto bättre).

b) Ta ut tofun från behållaren och halvera den på längden. Skär sedan varje halva på längden för att bilda 4 tofubiffar. Gnid in båda sidorna av varje bit i marinaden.

c) Spritsa airfryer-korgen med rapsolja. Förvärm airfryern till 390°F i 3 minuter.

d) Strö de svarta sesamfröna, vita sesamfröna och potatisstärkelsen på en stor tallrik. Kombinera väl. Tryck in en tofubiff i fröna, vänd och tryck in den andra sidan av tofun i fröna. Lägg tofun i air fryer-korgen och klappa försiktigt fröna ovanpå tofun på plats. Tillsätt fler frön om det behövs, klappa försiktigt ner dem i tofun. Lägg tofuskivan åt sidan på tallriken.

e) Spritsa toppen av tofun med ytterligare rapsolja. Koka i 390°F i 15 minuter. Efter cirka 7 minuter, använd försiktigt en tång för att kontrollera att tofun inte fastnar. (Vänd inte på tofun!)

60.Sambal Goreng Tempeh

INGREDIENSER:
- 8 uns tempeh, skär i 12 lika stora kuber
- 2 koppar varmt vatten
- 2 tsk havssalt
- 1/2 tsk mald gurkmeja
- 1 tsk rapsolja eller avokadoolja
- 2 tsk Tofuna Fysh Sauce eller 1 tsk sojasås med låg natriumhalt
- blandat med 1/4 tsk dulseflingor
- 4 vitlöksklyftor
- 1/2 kopp finhackad lök
- 1 tsk chili vitlökspasta
- 1 tsk tamarindpasta
- 2 msk tomatpuré
- 2 matskedar vatten
- 2 tsk ponzusås

INSTRUKTIONER:
a) Lägg tempen i en medelstor skål. Blanda det varma vattnet och saltet i en medelstor måttbägare och häll över tempeh. Låt tempen dra i 5 till 10 minuter.

b) Häll av tempen och lägg tillbaka den i skålen. Tillsätt gurkmeja, olja och Tofuna Fysh Sauce, blanda med en tång för att täcka väl.

c) Överför tempehkuberna till air fryer-korgen. Koka i 320°F i 10 minuter. Skaka airfryer-korgen, öka värmen till 400°F och koka i 5 minuter längre.

d) Medan tempen är i fritösen, kombinera vitlök, lök, chili vitlökspasta, tamarindpasta, tomatpuré, vatten och ponzusås i en matberedare och pulsera i 20 till 30 sekunder. Överför denna blandning till en medelstor kastrull och låt den koka upp snabbt på medelhög värme. Täck såsen, sänk värmen till låg och låt sjuda i 10 minuter.

e) Överför den kokta tempen till kastrullen och släng den i såsen med en sked eller tång för att täcka varje bit väl. Täck över och låt sjuda på låg i 5 minuter.

61.Tempeh Kabobs

INGREDIENSER:
- 8 uns tempeh
- 3/4 kopp lågnatrium grönsaksbuljong
- Saften av 2 citroner
- 1/4 kopp lågnatrium tamari eller sojasås
- 2 tsk extra virgin olivolja
- 1 tsk lönnsirap eller mörk agavesirap
- 2 tsk malen spiskummin
- 1 tsk mald gurkmeja
- 1/2 tsk mald svartpeppar
- 3 vitlöksklyftor, hackade
- 1 medelstor rödlök, i fjärdedelar
- 1 liten grön paprika, tunt skivad
- 1 dl skivad, skaftad knappsvamp
- 1 dl halverade körsbärstomater

INSTRUKTIONER:
a) Ångkoka tempen i 10 minuter i en kastrull på spisen. Alternativt kan du ånga tempen i 1 minut på lågt tryck i en snabbkokare eller tryckkokare; använd en snabbkoppling. Kombinera buljong, citronsaft, tamari, olja, lönnsirap, spiskummin, gurkmeja, peppar och vitlök i en medelstor skål. Avsätta.
b) Skär tempen i 12 tärningar. Överför dem till en lufttät behållare. Lägg grönsakerna i en andra lufttät behållare. Häll hälften av marinaden över tempen och hälften över grönsakerna. Täck båda och ställ i kylen i 2 timmar (eller upp till över natten). Låt tempeh och grönsakerna rinna av, spara marinaden.
c) Trä 4 tärningar tempeh, omväxlande med grönsakerna, på ett spett för att göra en kabob. Upprepa denna process för att göra 3 fler kabobs. Lägg kabobarna i airfryer-korgen eller på gallret. (Om du använder en mindre fritös kan du behöva laga mat i två omgångar.) Tillaga vid 390°F i 5 minuter. Vänd på kabobarna och ringla resterande marinad över dem. Koka i ytterligare 5 minuter.

62. Bakade gigantiska bönor

INGREDIENSER:
- 1 1/2 koppar kokta eller konserverade smörbönor eller stora norrländska bönor, sköljda och avrunna
- 1 tsk extra virgin olivolja eller rapsolja
- 1 liten lök, skuren i 1/8-tums tjocka halvmåneskivor
- 1 vitlöksklyfta, finhackad
- 1 (8-ounce) burk tomatsås
- 1 msk grovhackad färsk persilja
- 1/2 tsk torkad oregano
- 1/2 tsk vegansk kycklingbuljonggranulat eller salt (valfritt)
- 1/4 tsk nymalen svartpeppar

INSTRUKTIONER:
a) Lägg bönorna i en luftfriteringssäker gryta eller panna.
b) Hetta upp oljan i en medelstor kastrull på medelhög värme. Tillsätt lök och vitlök och fräs i 5 minuter. Tillsätt tomatsås, persilja, oregano och buljonggranulat. Koka upp blandningen, täck kastrullen, sänk värmen till låg och låt sjuda i 3 minuter.
c) Förvärm airfryern till 360°F i 3 minuter. Häll tomatblandningen över bönorna och blanda väl. Strö peppar över bönorna. Lägg bönorna i air fryer-korgen. Koka i 360°F i 8 minuter.

63.Personliga pizzor

INGREDIENSER:
- 4 uns beredd pizzadeg eller vegansk pizzadeg i butik
- 2 spritsar extra jungfruolja
- 1/3 kopp pizzasås
- 1/3 kopp strimlad mozzarellaost utan mejeri, delad
- 1/2 lök, skuren i 1/8-tums tjocka halvmåneskivor
- 1/4 kopp skivad svamp
- 2 till 3 svarta eller gröna oliver, urkärnade och skivade
- 4 färska basilikablad

INSTRUKTIONER:

a) Lägg pizzadegen på en lätt mjölad arbetsyta och kavla ut den eller använd händerna för att trycka ut den (tänk på storleken på din airfryer-korg för att säkerställa att den passar). Spritsa degen med olja och lägg degen, med den oljade sidan nedåt, i air fryer-korgen. Koka i 390°F i 4 till 5 minuter.

b) När degen är förkokt, öppna airfryern – var försiktig eftersom korgen är varm – och bred ut såsen över degen. Strö hälften av osten över såsen. Tillsätt lök, svamp, oliver och basilika. Strö resterande ost över påläggen.

c) Koka vid 390°F i 6 minuter (eller 7 till 8 minuter för en mycket knaprig skorpa).

d) Använd en spatel för att ta bort pizzan från airfryern.

64.Friterade varmkorvar

INGREDIENSER:
- 4 veganska varmkorvar
- 2 tsk mjölkfritt smör
- 4 Pretzel Hot Dog Bullar eller veganska varmkorvbullar i butik

INSTRUKTIONER:

a) Skiva korven på längden utan att skära hela vägen igenom dem. Sprid ut korvarna platt, med snittsidan uppåt. Bred 1/2 tsk smör på varje varmkorv.

b) Lägg korven, med smörsidan nedåt, i airfryern. Koka i 390°F i 3 minuter. Ta bort och ställ åt sidan.

c) Lägg korvbullarna i airfryern och värm till 400°F i 1 minut för att rosta dem lätt. Servera varmkorven i bullarna med dina favoritsmaktillsatser.

65. Majs hundar

INGREDIENSER:

- 1/2 kopp majsmjöl
- 1/2 kopp oblekt universalmjöl
- 2 matskedar strösocker
- 1 tsk bakpulver
- 1/2 tsk paprika
- 1/2 tsk mald senap
- 1/4 tsk salt
- 1/8 tsk svartpeppar
- 1/2 dl iskallt vatten
- 2 matskedar Follow Your Heart VeganEgg
- 1/2 kopp sojamjölk
- 6 veganska varmkorvar

INSTRUKTIONER:

a) I en stor skål, kombinera majsmjöl, mjöl, socker, bakpulver, paprika, senap, salt och peppar.
b) I en liten skål, vispa ihop vattnet och VeganEgg. Tillsätt mjölken och blanda väl. Vänd långsamt ner vattenblandningen i majsmjölsblandningen, vispa till en jämn smet. Häll upp smeten i en hög murburk eller dricksglas. Förvärm airfryern till 390°F i 5 minuter.
c) Lägg ut 6 (3 x 5-tum) bitar av bakplåtspapper (stor nog att rulla varje misshandlad majshund).
d) Lägg 1 varmkorv på en träpinne och doppa den i smeten.
e) Lägg majshunden på en fyrkant av bakplåtspapper och rulla ihop den misshandlade korven. Upprepa denna process med de återstående korvarna. Den sista kan bli rörig; lägg eventuellt på en plåt och skrapa ut resterande smet ur masonburken och gnid in smeten på varmkorven innan du rullar ihop den i bakplåtspapper.
f) Placera de inslagna majshundarna i en stor fryspåse och lägg den platt i frysen. Kyl i frysen i minst 2 timmar.
g) Ta ut de misshandlade majshundarna från frysen och packa upp dem. Lägg en bit bakplåtspapper på airfryer-korgen (tillräckligt för att täcka botten men utan överskottspapper ovanför korgens botten). Lägg majshundarna på bakplåtspappret.
h) Du kan behöva göra detta i omgångar beroende på storleken på airfryern; Om så är fallet, lämna eventuella kvarvarande majshundar i frysen tills du är redo att använda dem. Koka i 390°F i 12 minuter.

66.Fylld bakad potatis

INGREDIENSER:
- 2 medelstora rödbruna potatisar, skrubbade
- 1 kopp överbliven hemgjord chili eller gryta eller 1 (15-ounce) burk vegansk chili eller gryta
- 1/2 kopp strimlad cheddar- eller mozzarellaost utan mejeri
- 1/4 kopp mjölkfri gräddfil
- 2 msk finhackad gräslök

INSTRUKTIONER:
a) Stick hål i potatisen med en gaffel och placera den i airfryerkorgen. Koka i 390°F i 30 minuter.
b) Värm chilin på spishällen eller i mikron tills den är varm.
c) Ta försiktigt ut potatisen ur korgen och skiva den på längden utan att skära hela vägen. Häll 1/2 kopp av den heta chilin i varje potatis. Lägg 1/4 kopp ost över varje potatis.
d) Lägg tillbaka potatisen i fritösen och fortsätt tillagan vid 390°F i 5 till 10 minuter längre. Servera potatisen med en klick gräddfil och gräslök.

67.Friterade gröna bönor och bacon

INGREDIENSER:
- 6 uns Tempeh Bacon eller veganskt bacon som köpts i butik
- 1 tsk Vegan Magic eller DIY "Vegan Magic"
- 1 tsk strösocker
- 12 uns färska haricots verts (franska gröna bönor)

INSTRUKTIONER:
a) Lägg baconet i air fryer-korgen. Koka i 390°F i 5 minuter.
b) Kombinera Vegan Magic och socker i en fritössäker panna. Lägg till haricots verts och släng dem med en tång för att belägga dem i Vegan Magic-blandningen.
c) Ta bort baconet från air fryer-korgen. Tärna baconet försiktigt. Tillsätt baconet i pannan och blanda med haricots verts.
d) Koka i 390°F i 4 minuter.

68.Bakad spagetti

INGREDIENSER:
- 4 uns tunn spagetti
- 1 tsk extra virgin olivolja
- 8 uns vegansk nötkött smulas sönder
- 1/4 kopp finhackad lök
- 2 vitlöksklyftor, hackade
- 1 tsk torkad oregano
- 1 tsk torkad basilika
- 1 till 2 skvätt extra virgin olivolja
- 1 (15-ounce) burk marinarasås
- 1 kopp strimlad mozzarellaost utan mejeri

INSTRUKTIONER:
a) Koka spaghettin i en stor kastrull med kokande vatten tills den är al dente, ca 8 minuter. Häll av och ställ åt sidan.

b) Hetta upp oljan i en stor stekpanna på låg värme. Tillsätt smulor, lök, vitlök, oregano och basilika. Fräs tills smulorna är genomvärmda, 5 till 7 minuter.

c) Spritsa en air fryer-säker maträtt som passar in i air fryer med oljan. Överför hälften av spaghettin till fatet. Tillsätt hälften av smulorna, hälften av marinarasåsen och hälften av osten. Tillsätt resterande spagetti, resterande smulor, ytterligare ett lager marinarasås och resterande ost. Koka i 350°F i 15 minuter.

69.Kött-y bollar

INGREDIENSER:
- 1/2 kopp torr TVP
- 1/2 dl grönsaksbuljong
- 1 1/2 koppar kokta (eller konserverade) cannellibönor, avrunna och sköljda
- 1/4 kopp malda linfrö
- 2 msk sesamfrön
- 2 msk kikärtsmjöl
- 1 tsk havssalt
- 2 msk näringsjäst
- 1 tsk torkad basilika
- 1 tsk torkad timjan
- 1 tsk varm sås
- 1 till 2 spritsar rapsolja

INSTRUKTIONER:
a) Placera TVP i en medelstor skål och häll buljongen över den. Låt TVP återfukta i 10 minuter. Överför TVP till en matberedare och tillsätt bönorna, linfrö, sesamfrön, mjöl, salt, näringsjäst, basilika, timjan och varm sås. Pulsera tills ingredienserna bildar en degliknande konsistens.

b) Forma köttbullar genom att ösa ur cirka 2 matskedar av TVP-blandningen och rulla dem i handflatorna.

c) Spraya air fryer korgen med olja. Lägg köttbullarna i korgen (du kan behöva tillaga mer än en sats, beroende på storleken på din airfryer).

d) Tillaga vid 360°F i 10 till 12 minuter, skaka halvvägs genom tillagningstiden.

70. Bakad Chick'n-Style Seitan

INGREDIENSER:

- 1 kopp torr Seitan Mix
- 3/4 dl vegansk kycklingbuljong
- 1 matsked lågnatrium tamari
- 1/2 tsk rapsolja
- 1/2 tsk blackstrap melass
- 1 till 2 spritsar vegetabilisk olja spray

INSTRUKTIONER:

a) Häll den torra seitanmixen i en stavmixerskål.
b) I en liten skål, kombinera buljong, tamari, rapsolja och melass.
c) Montera ståmixern med degkroken och sätt på mixern på låg nivå. Tillsätt långsamt buljongblandningen till den torra seitanblandningen. Öka hastigheten på ståmixern till hög och knåda seitanen i 5 minuter.
d) Smörj en 7-tums bakplåt med 1 till 2 spritsar vegetabilisk olja. Tryck ut seitanen i pannan. (Om den här är för stor för din airfryer, hitta en ugnssäker form av lämplig storlek. Du kan behöva tillaga seitanen i två omgångar.) Täck bakformen med folie.
e) Placera pannan i airfryern. Koka i 350°F i 10 minuter. Ta bort kastrullen från airfryern, avtäck, vänd seitanen med en spatel och täck pannan igen. Koka 10 minuter längre.

71. Torr Seitan Mix

INGREDIENSER:
- 3 koppar vitalt vetegluten
- 1/2 kopp kikärtsmjöl
- 1/4 kopp näringsjäst
- 4 tsk vegansk kycklingkrydda
- 1 tsk vitlökspulver
- 1 tsk nymalen svartpeppar

INSTRUKTIONER:
a) Kombinera gluten, mjöl, näringsjäst, kycklingkrydda, vitlökspulver och peppar i en stor skål.
b) Överför blandningen till en lufttät behållare, till exempel en stor masonburk, och förvara den i kylskåpet i upp till 3 månader.

72.Chick'n-Fried Steak

INGREDIENSER:
- 1 kopp torr Seitan Mix
- 3/4 dl vegansk kycklingbuljong
- 1 matsked lågnatrium tamari
- 1/2 tsk rapsolja
- 1/2 tsk blackstrap melass
- 1 till 2 spritsar vegetabilisk olja
- 1/2 kopp sojamjölk eller annan mjölkfri mjölk
- 3 msk barbecuesås
- 3 msk kikärtsmjöl
- 1 kopp oblekt universalmjöl
- 1/4 kopp näringsjäst
- 2 msk majsmjöl
- 1 tsk vitlökspulver
- 1/2 tsk havssalt
- 1/4 tsk svartpeppar

INSTRUKTIONER:

a) Häll den torra seitanmixen i en stavmixerskål.
b) I en liten skål, kombinera buljong, tamari, rapsolja och melass.
c) Montera ståmixern med degkroken och sätt på mixern på låg nivå. Tillsätt långsamt buljongblandningen till den torra seitanblandningen. Öka hastigheten på mixern till hög och knåda seitanen i 5 minuter.
d) Spraya en 7 x 7 x 3-tums bakpanna med 1 till 2 stänk av vegetabilisk oljespray. Tryck ut seitanen i den förberedda pannan. (Om pannan i den här storleken är för stor för din fritös, leta reda på en ugnssäker form av lämplig storlek. Du kanske måste tillaga seitanen i två omgångar.) Täck bakformen med folie.
e) Placera pannan i airfryern. Koka i 350°F i 10 minuter. Ta bort kastrullen från airfryern, avtäck, vänd seitanen med en spatel och täck pannan igen. Koka i 10 minuter längre. Ta bort seitanen från airfryern och ställ åt sidan.
f) I en medelstor skål, kombinera mjölken, barbecuesåsen och kikärtsmjölet i en medelstor skål.
g) I en liten skål, kombinera allsidigt mjöl, näringsjäst, majsmjöl, vitlökspulver, salt och peppar. Överför hälften av all-purpose

mjölblandningen till en lufttät behållare och hälften till en grund skål för muddring.
h) Förvärm airfryern till 370°F i 3 minuter. När seitanen är tillräckligt sval för att röra vid, skiva den i 4 bitar.
i) Doppa varje seitanbit i mjölkblandningen. Muddra sedan seitanen genom den allsidiga mjölblandningen. Om det behövs, tillsätt mer av all-purpose mjölblandningen från den lufttäta behållaren (annars, förvara eventuell återstående all-purpose mjölblandning i kylen för framtida bruk). Släng inte mjölkblandningen efter att alla seitanbitar är smetade.
j) Koka den misshandlade seitanen vid 370°F i 2 minuter. Vänd seitanen med en tång och koka i ytterligare 2 minuter. Ta bort chik'n-fried biffarna från airfryern och doppa tillbaka dem i den återstående mjölkblandningen, vänd dem så att de täcker båda sidorna.
k) Lägg tillbaka chik'n-fried biffarna i airfryern och koka i 3 minuter till.

73.Chick'n Pot Pie

INGREDIENSER:
- Friterad kexdeg eller ett (16-ounce) rör förberedda veganska kex
- 1 tsk extra virgin olivolja (valfritt)
- 2 vitlöksklyftor, hackade
- 1 dl finhackad lök
- 1/2 kopp finhackad morot
- 1/2 dl grovhackad selleri
- 1 tsk torkad timjan
- 1/2 tsk havssalt
- 1/4 tsk svartpeppar
- 4 uns veganska kycklingstrimlor, tinade om de är frysta
- 1 kopp Mushroom White Bean Gravy eller Pacific varumärke eller Imagine vegansk svampsås

INSTRUKTIONER:
a) Förbered hälften av kexdegen och ställ åt sidan (grädda den inte).
b) Hetta upp oljan i en stor stekpanna på medelvärme. Tillsätt vitlök, lök, morot, selleri, timjan, salt och peppar och låt koka i 5 till 8 minuter, tills morötterna är mjuka med en lätt knaprighet.
c) Grovhacka kycklingstrimlorna och lägg dem i stekpannan. Häll såsen i stekpannan, rör om och låt blandningen koka upp. Täck över, sänk värmen till låg och låt sjuda i 10 minuter.
d) Dela grytpajblandningen mellan 2 (5-tums diameter) ramekins eller bakformar.
e) Förvärm airfryern till 360° i 5 minuter. Om du använder den friterade kexdegen, dela degen på mitten. Använd händerna och platta ut 2 degbitar för att gå över varje ramekin. Om du använder butiksköpta kex, Ingredienser totalt 4 kex. Använd händerna och kombinera 2 kex och platta ut dem till en deg för att täcka en ramekin. Upprepa denna process för att skapa en andra degbit för den andra ramekinen.
f) Ta 1 kexdeghalva och täck en ramekin. Pressa ihop degen runt kanten på ramekinen så att den täcker grytpajblandningen helt. Upprepa denna process med den andra halvan av kexdegen och den andra ramekinen.
g) Lägg ramekins i airfryern. (Du kan behöva förbereda en paj i taget, beroende på storleken på din airfryer; i så fall placera den första kokta pajen i en varm ugn medan du tillagar den andra.)
h) Koka grytpajerna vid 360°F i 8 minuter tills de är gyllenbruna. Använd silkonhandskar eller varma kuddar med en spatel för att försiktigt ta bort grytpajerna från airfryern.

74.Stekt tacos

INGREDIENSER:
- 4 (6-tums) mjöltortillas
- 4 spritsar rapsolja spray
- 2 koppar frysta veganska kryddade nötköttssmulor (som Beyond Meat Feisty Crumble)
- 1 kopp strimlad icke-mejerihaltig cheddar- eller pepparjackost
- 2 koppar strimlad sallad
- 1 dl finhackade tomater
- 1/2 kopp finhackad lök

INSTRUKTIONER:
a) Förvärm airfryern till 360°F i 3 minuter. Placera en tacohållare i rostfritt stål i airfryern.
b) Spritsa ena sidan av tortillorna med rapsolja. Sätt in tortillorna i tacohållaren med oljad sida ut. Skopa 1/2 kopp nötköttsmulor i varje tortilla. Tillsätt 1/4 kopp ost till varje tortilla.
c) Koka i 360°F i 8 minuter.
d) Ta bort tacostället från airfryern med en tång. Garnera varje taco med 1/2 kopp sallad, 1/4 kopp tomater och 2 matskedar lök.

75. Gourmet grillad ost

INGREDIENSER:
- 1 litet Anjou eller asiatiskt päron (eller något saftigt, mjukt päron)
- 1 liten Vidalia eller söt lök
- 1/4 tsk socker
- 1/2 till 1 tsk extra virgin olivolja eller icke-mejeriskt smör
- 1/2 kopp mjölkfri färskost
- 4 skivor surdegsbröd eller annat knaprigt bröd
- 2 till 4 spritsar extra virgin olivolja

INSTRUKTIONER:
a) Skär päronet på längden i tunna skivor. Skär löken i tunna halvmåneskivor. Lägg päron, lök och socker på en bit folie.
b) Ringla oljan över (eller lägg smöret på) päronet och löken. Linda folien löst runt päronet och löken. Placera foliepåsen i luftkorgfritösen. Koka i 390°F i 15 minuter.
c) Ta bort foliepåsen från fritösen med en tång eller en spatel, öppna folien för att släppa ut ångan och ställ åt sidan.
d) Bred ut 2 msk färskost på 1 skiva bröd. Använd en tång och lägg hälften av det karamelliserade päronet och löken ovanpå färskosten. Bred ytterligare 2 msk färskost på ytterligare en brödskiva. Lägg denna brödskiva ovanpå päronet och löken.
e) Upprepa denna process för att göra den andra smörgåsen. Spraya airfryer-korgen med olja. Lägg smörgåsarna i airfryern.
f) Spritsa toppen av brödet med mer olja. Koka i 390°F i 5 till 7 minuter, tills brödet är gyllenbrunt.

76. Rostade kikärtor och broccoli

INGREDIENSER:
- 1 (15-ounce) burk kikärter, avrunna, sköljda och klappade torra
- 1/2 kopp tunna halvmåne lökskivor
- 1 tsk rapsolja
- 1 tsk sojasås med låg natriumhalt
- 1 tsk mald ingefära
- 1/2 tsk granulerad vitlök
- 1/2 tsk svartpeppar
- 1/2 tsk currypulver
- 2 dl broccolibuktor
- 1 msk sesamfrön, till servering

INSTRUKTIONER:
a) Kombinera kikärtorna, löken, oljan och sojasåsen i en stor skål. Tillsätt ingefära, granulerad vitlök, peppar och curry och rör tills alla kikärter är väl belagda.
b) Överför kikärtorna till frityrkorgen med en hålslev (för att spara oljan och sojasåsmarinaden). Koka i 390°F i 7 minuter, skaka i 5 minuter.
c) I en stor skål kombinerar du broccolin med den överblivna marinaden.
d) Överför till air fryer efter att kikärtorna och löken har kokat i 7 minuter. Kasta försiktigt broccolin med kikärtorna och löken.
e) Fortsätt tillaga vid 390°F i ytterligare 5 minuter, skaka halvvägs genom tillagningstiden, tills broccolin är mör men behåller en liten knaprighet.
f) Strö 1/2 matsked sesamfrön över varje portion.

77. Seitan Fajitas

INGREDIENSER:

- 8 uns Bakad Chick'n-Style Seitan, skuren i 1/2-tums tjocka remsor eller köpta seitan-remsor
- 1 stor röd paprika, skuren i 1/4-tums tjocka remsor
- 1 stor grön paprika, skuren i 1/4-tums tjocka remsor
- 1 medelstor lök, skuren i 1/4-tums tjocka halvmåneskivor
- 3 vitlöksklyftor, grovt hackade
- 1 tsk rapsolja
- 1/2 tsk chilipulver
- 1/2 tsk malen spiskummin
- 1/2 tsk paprika
- 1/4 tsk havssalt
- 1/4 tsk svartpeppar
- 4 (12-tums) mjöltortillas

INSTRUKTIONER:

a) Lägg seitanskivorna i en stor skål (om du använder förpackad seitan, låt rinna av innan du lägger dem i skålen).
b) Tillsätt röd paprika, grön paprika, lök och vitlök i skålen med seitan.
c) Ringla oljan över seitanen och grönsakerna och rör om med en tång för att täcka. Tillsätt chilipulvret, spiskummin, paprikan, salt och peppar, blanda ihop.
d) Överför blandningen till air fryer-korgen. Tillaga vid 370°F i 10 till 12 minuter, skaka halvvägs genom tillagningstiden.
e) Värm tortillorna i ugnen eller mikrovågsugnen.
f) Montera fajitas genom att lägga en fjärdedel av seitan och grönsaker i varje tortilla.

78. Tacosallad

INGREDIENSER:
- 4 (8-tums) mjöltortillas
- 8 uns Bakad Chick'n-Style Seitan eller butiksköpt seitan, grovt hackad
- 1 (15-ounce) burk pintobönor, avrunna och sköljda
- 3/4 kopp salsa
- 1/2 kopp finhackad lök
- 1 kopp strimlad icke-mejerifri cheddarost
- 2 dl finstrimlad sallad
- 1 dl finhackade tomater

INSTRUKTIONER:
a) Tryck ut tortillorna i skalformar. Avsätta.
b) Lägg seitanen i en medelstor skål. Tillsätt bönorna, salsan och löken. Kombinera väl.
c) Fördela seitanblandningen mellan tortillorna. Det är troligt att du bara kommer att kunna göra 2 tacosallader samtidigt i en stor fritös och 1 i en liten fritös. Sätt på ugnen för att bli varm för att värma upp varje tacosallad när den kommer ut ur fritösen.
d) Placera så många tortillaskal i airfryern som får plats. Koka i 360°F i 5 minuter.
e) Tillsätt 1/2 kopp ost till varje tortilla. Koka i 360°F i 2 minuter längre. Överför de kokta tortillaskålarna till ugnen för att värmas medan du lagar nästa uppsättning.
f) När alla tortillaskålar är kokta, använd försiktigt en tång för att skjuta dem från tortillaformen till en serveringsfat. Tillsätt 1 kopp strimlad sallad och 1/2 kopp tomater till varje tacosallad.

79. Tempeh Fried Rice

INGREDIENSER:

- 8 uns tempeh
- 1/2 dl grovt hackad shiitakesvamp
- 1/2 kopp plus 1 matsked sojasås med låg natriumhalt, uppdelad
- 2 msk lönnsirap
- 1 tsk extra virgin olivolja
- 2 vitlöksklyftor, hackade
- 1/2 dl iskallt vatten
- 2 matskedar Follow Your Heart VeganEgg
- 1/4 tsk svart salt
- 1 1/2 dl kokt brunt ris
- 2 msk näringsjäst
- 1 kopp böngroddar
- 1 kopp strimlad vitkål
- 1 tsk chilipasta

INSTRUKTIONER:

a) Ångkoka tempen i 10 minuter i en medelstor kastrull på spisen (eller i 1 minut på lågt tryck i en snabbkokare eller tryckkokare; använd snabbkoppling). Tärna tempen i 12 bitar och överför den till en grund form. Tillsätt svampen.

b) I en liten skål, vispa ihop 1/2 kopp av sojasås, lönnsirap, olja och vitlök. Häll marinaden över tempeh och svamp. Täck formen med folie och ställ åt sidan för att marinera i minst 30 minuter (eller upp till över natten).

c) Förvärm airfryern till 390°F i 5 minuter. Mixa vattnet, VeganEgg och svart salt i en mixer. Överför den marinerade tempeh och svampen till en nonstick airfryer-panna eller bakpanna som passar i din airfryer. Tillsätt det kokta riset i pannan.

d) Häll VeganÄggblandningen över riset. Tillsätt näringsjäst, groddar, kål, återstående 1 msk sojasås och chilipasta.

e) Blanda väl och klappa ner riset. Koka vid 390°F i 10 minuter, släng risblandningen med en tång halvvägs genom tillagningstiden.

80.Soy Curl Kimchee Vårrullar

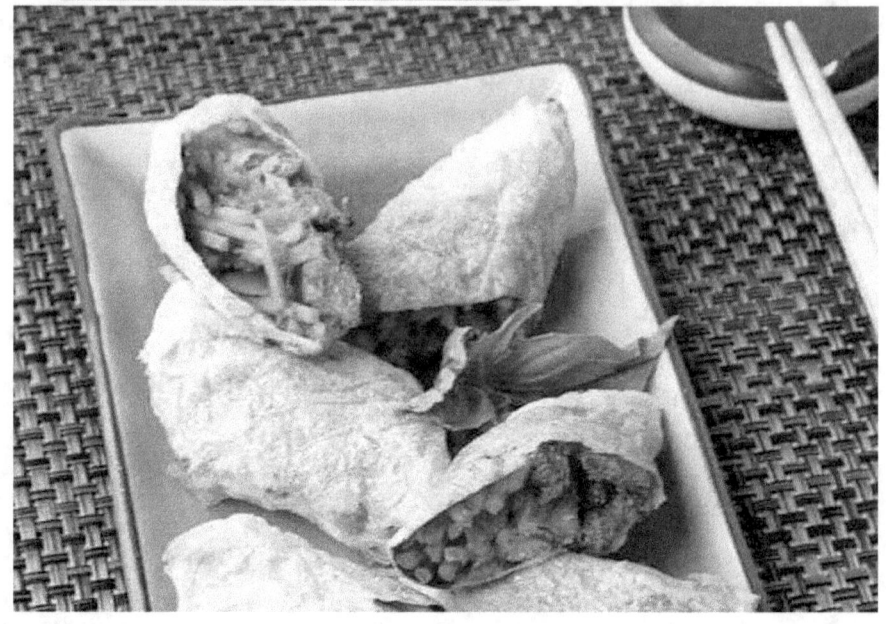

INGREDIENSER:
- 1 kopp Soy Curl Fries eller veganska frysta kycklingstrimlor
- 1 liten morot
- 4 färska basilikablad
- 1/2 kopp hemgjord eller köpt vegansk kimchee
- 4 (6 till 8 1/2-tum) rispappersark
- 2 till 3 spritsar rapsolja

INSTRUKTIONER:
a) Förbered Soy Curl Fries. Om du använder veganska kycklingstrimlor, tina dem och skär dem på mitten på längden.
b) Skär moroten i tändstickor och dela tändstickorna i fyra.
c) Doppa 1 ark rispapper i varmt vatten i 5 sekunder eller tills det är fuktat. Lägg det fuktiga rispappret på en arbetsyta och låt sitta i 30 sekunder eller tills det är böjligt. Lägg 1 basilikablad på rispappret. Tillsätt en fjärdedel av morotständstickorna, 2 msk kimchee och 1/4 kopp soycurl frites.
d) Rulla rispappret genom att dra bort kanten från skärbrädan. Rulla över fyllningen samtidigt som du drar ihop och stoppar in fyllningen under omslaget, rulla tills du kommer till slutet av papperet. Upprepa denna process tills du har skapat 4 vårrullar.
e) Spraya 1 till 2 spritsar rapsolja på airfryer-korgen. Lägg vårrullarna i airfryer-korgen och spritsa toppen av rullarna med de återstående 1 till 2 spritsarna olja. Koka i 400°F i 6 minuter, skaka halvvägs genom tillagningstiden.

81. Lasagnegryta

INGREDIENSER:

- 1 liten zucchini
- 1 liten gul squash
- 1 medelstor lök
- 1 stor röd paprika
- 5 uns icke-mejerihaltig mozzarellaost i buffelstil
- 1/4 kopp skivade urkärnade, oljehärdade svarta oliver
- 1 tsk torkad basilika
- 1 tsk havssalt
- 1/2 tsk torkad oregano
- 1/4 tsk röd paprikaflingor
- 1/4 tsk mald svartpeppar
- 1 (15-ounce) burk tomatsås
- 1/4 kopp strimlad icke-mjölkfri parmesanost

INSTRUKTIONER:

a) Skiva zucchini och gul squash på längden i 1/8- till 1/4-tums tjocka remsor. Dela båda i två delar.

b) Skär löken i halvmåneskivor. Dela skivorna i tre delar. Skär paprikan på längden i 1 1/2-tums remsor. Dela remsorna i tre delar.

c) Skär mozzarellan i 1/4-tums tärningar. Överför tärningarna till en liten skål och tillsätt oliver, basilika, salt, oregano, rödpepparflingor och peppar. Blanda väl och dela blandningen i tre delar.

d) Förvärm airfryern till 360°F i 5 minuter. Sprid 1/2 kopp av tomatsåsen i botten av en 6 till 7-tums bakpanna. Lägg en del vardera av zuchinni, squash, lök och peppar ovanpå tomatsåsen. Tillsätt den första tredjedelen av mozzarellablandningen. Upprepa denna process för ytterligare 2 lager. Strö över det översta lagret med parmesan.

e) Täck bakformen med folie, överför till airfryern och tillaga vid 360°F i 15 minuter. Avtäck och koka i ytterligare 10 minuter.

82. Potatis, groddar och sojakrullar

INGREDIENSER:

- 1 stor russet potatis, skuren i 1/2-tums kuber
- 1 1/2 tsk rapsolja, delad
- 1/2 tsk havssalt
- 1/4 tsk svartpeppar
- 2 koppar torra Soy Curls
- 2 koppar varmt vatten
- 16 uns brysselkål, putsad och halverad på längden
- 1 tsk balsamvinäger
- 1 1/2 tsk vegansk nötbuljonggranulat
- 1 tsk malen spiskummin
- 1 tsk chilipulver
- 1 tsk torkad dill
- 1 msk kikärtsmjöl
- 1 msk majsstärkelse

INSTRUKTIONER:

a) Kasta potatisen i 1/2 tesked av oljan, salt och peppar och överför till airfryer. Koka i 400°F i 10 minuter. I en medelstor skål, rehydrera Soy Curls i det varma vattnet i 10 minuter. I en medelstor skål, släng brysselkålen med 1/2 tesked av rapsoljan och vinägern.

b) När air fryer piper efter 10 minuter, överför brysselkålen till air fryer med potatisen. Skaka och koka i 400°F i 3 minuter.

c) Töm sojakrullarna, överför dem tillbaka till skålen och släng dem med buljonggranulat, spiskummin, chilipulver, dill, kikärtsmjöl, majsstärkelse och återstående 1/2 tsk rapsolja.

d) När fritösen piper efter 3 minuter, överför de belagda sojakrusarna till korgen med potatisen och brysselkålen.

e) Skaka och ställ in timern på 15 minuter. Skaka var 5:e minut.

83. Calzone

INGREDIENSER:
- 4 uns beredd pizzadeg eller vegansk pizzadeg i butik
- 1/4 kopp strimlad icke-mjölkfri mozzarellaost
- 1/4 kopp skivad svamp
- 1/4 kopp skivad lök
- 2 uns vegan italiensk-stil seitan crumbles eller vegansk pepperoni
- 1/4 kopp pizzasås
- 1/2 tsk torkad oregano
- 1/2 tsk torkad basilika
- 1/2 kopp löst packade babyspenatblad
- 2 till 3 spritsar extra virgin olivolja eller rapsolja

INSTRUKTIONER:
a) Låt pizzadegen bli rumstemperatur. Handpressa eller kavla ut degen till cirka 10 tum.
b) Om du använder en grillinsats, placera den inuti airfryern. Förvärm airfryern till 390°F.
c) Montera lager på ena halvan av den kavlade degen. Börja med osten och lägg sedan till svamp, lök, seitansmulor, pizzasås, oregano, basilika och spenat. Vänd den andra halvan av degen över fyllningen. Krympa kanterna genom att dra det nedre lagret av deg över det översta lagret.
d) Skär tre små skivor på den övre delen av degen för att ventilera. Spraya grillinsatsen eller air fryer-korgen med oljan. Använd en stor spatel för att överföra calzonen till airfryer-korgen. Spraya toppen av calzonen med ytterligare olja.
e) Koka vid 390 ° F i 7 till 8 minuter, tills skorpan är gyllenbrun. Skjut upp calzonen på en skärbräda eller serveringsfat. Skär i 2 bitar och servera.

84.Friterade sushirullar

INGREDIENSER:
- 4 (6 till 8 1/2-tum) ark rispapper
- 4 (8 x 7 tum) ark nori
- 1/4 kopp rumstemperatur kokt sushiris
- 1/4 kopp tinad edamame
- 1 kopp tunt skivad röd paprika, morot och jicama
- 1 till 2 skvätt avokadoolja eller extra virgin olivolja

INSTRUKTIONER:

a) Doppa 1 ark rispapper i varmt vatten i ca 5 sekunder eller tills det är fuktat. Lägg det fuktiga rispappret på en arbetsyta och låt sitta i 30 sekunder eller tills det är böjligt.

b) Lägg 1 noriark på det blöta rispappret. Skeda 1 msk sushiris på nori-arket, gör en linje med riset. Sked 1 matsked edamame på nori-arket bredvid riset och bildar en annan linje. Montera 1/4 kopp av den skivade grönsaksblandningen tillsammans med ris och edamame.

c) Rulla rispappret genom att dra bort kanten från skärbrädan. Rulla över fyllningen samtidigt som du drar ihop och stoppar in noriarket och fyller under rispappret, rulla tills du kommer till slutet av pappret. Upprepa denna process tills du har skapat 4 rullar.

d) Lägg rullarna i air fryer-korgen. Spritsa rullarna med olja. Koka i 390°F i 5 minuter, skaka halvvägs genom tillagningstiden.

SMÅRÄTTER

85.Air Fryer Blomkål

INGREDIENSER:
- 3/4 matskedar varm sås
- 1 msk avokadoolja
- Salt att smaka
- 1 medelstort blomkålshuvud skuren i bitar tvättat och helt torrt

INSTRUKTIONER:
a) Förvärm airfryern till 400F / 200C
b) Blanda varm sås, mandelmjöl, avokadoolja och salt i en stor skål.
c) Tillsätt blomkålen och blanda tills den är täckt.
d) Tillsätt hälften av blomkålen i airfryern och fräs i 1215 min (eller tills den är knaprig i kanterna med lite tugga, eller tills den når önskad form).
e) Se till att öppna airfryern och skaka frityrkorgen 23 gånger för att vända blomkålen. Ta bort och ställ åt sidan.
f) Lägg i den andra omgången, men koka den i 23 minuter mindre .
g) Servera varma (även om de också kan serveras kalla) med lite extra het sås till doppning.

86.Jicama Fries

INGREDIENSER:
- 8 koppar Jicama, skalad, hackad i tunna tändstickor
- 2 msk olivolja
- 1/2 tsk vitlökspulver
- 1 tsk spiskummin
- 1 tsk havssalt
- 1/4 tsk svartpeppar

INSTRUKTIONER:
a) Koka upp en stor kastrull med vatten på spisen. Tillsätt jicamafritesen och koka i 12 till 15 minuter, tills de inte längre är krispiga.
b) När jicamaen inte är krispig längre, ta bort och klappa torr.
c) Sätt luftfriteringsugnen på 400 grader och låt den förvärmas i 2 till 3 minuter. Smörj luftfriteringsställen eller korgen som du ska använda.
d) Lägg pommes fritesen i en stor skål tillsammans med olivolja, vitlökspulver, spiskummin och havssalt. Kasta till beläggning.

87.Grönsakskabobs

INGREDIENSER:
- 1 kopp (75 g) knappsvamp
- 1 kopp (200 g) druvtomater
- 1 liten zucchini skuren i bitar
- 1/2 tsk malen spiskummin
- 1/2 paprika skivad
- 1 liten lök skuren i bitar (eller 34 små schalottenlök, halverade)
- Salt att smaka

INSTRUKTIONER:
a) Blötlägg spetten i vatten i minst 10 minuter innan du använder dem.
b) Förvärm en airfryer till 390F / 198C.
c) Trä grönsaker på spetten.
d) Lägg spett i airfryern och se till att de inte rör vid varandra. Om airfryer-korgen är liten kan du behöva klippa ändarna på spetten för att passa.
e) Koka i 10 minuter, vänd halvvägs genom tillagningstiden. Eftersom luftfritörens temperaturer kan variera, börja med kortare tid och lägg sedan till mer efter behov.
f) Överför veggie kabobs till en tallrik och servera.

88. Spaghetti squash

INGREDIENSER:
- 1 (2 lbs.) spaghetti squash
- 1 kopp vatten
- Koriander att servera
- 2 msk färsk koriander till garnering

INSTRUKTIONER:

a) Dela squashen på mitten. Ta bort fröna från deras mitt.

b) Häll en kopp vatten i insatsen på Instant Pot och placera underlägget inuti.

c) Lägg de två halvorna av squashen över underlägget, med skinnsidan nedåt.

d) Fäst locket och välj "Manuell" med högt tryck i 20 minuter.

e) Efter pipljudet gör du en Natural release och ta bort locket.

f) Ta bort squashen och använd två gafflar för att strimla den från insidan.

g) Servera med kryddig fläskfyllning om det behövs.

89. Gurka Quinoasallad

INGREDIENSER:
- ½ kopp quinoa, sköljd
- ¾ kopp vatten
- ¼ tesked salt
- ½ morot, skalad och strimlad
- ½ gurka, hackad
- ½ kopp fryst edamame, tinad
- 3 salladslökar, hackade
- 1 dl strimlad rödkål
- ½ msk sojasås
- 1 msk limejuice
- 2 matskedar socker
- 1 matsked vegetabilisk olja
- 1 msk nyriven ingefära
- 1 msk sesamolja
- nypa rödpepparflingor
- ½ kopp jordnötter, hackade
- ¼ kopp nyhackad koriander
- 2 msk hackad basilika

INSTRUKTIONER:
a) Tillsätt quinoa, salt och vatten i Instant Pot.
b) Fäst locket och välj funktionen "Manuell" med högt tryck i 1 minut.
c) Efter ljudsignalen, gör en snabb släppning och ta bort locket.
d) Tillsätt under tiden resterande ingredienser i en skål och blanda väl.
e) Tillsätt den kokta quinoan till den förberedda blandningen och blanda dem väl.
f) Servera som sallad.

90.Limepotatis

INGREDIENSER:
- ½ msk olivolja
- 2 ½ medelstor potatis, skurad och tärnad
- 1 msk färsk rosmarin, hackad
- Nymalen svartpeppar efter smak
- ½ dl grönsaksbuljong
- 1 msk färsk citronsaft

INSTRUKTIONER:

a) Lägg olja, potatis, peppar och rosmarin i Instant Pot.
b) "Sauté" i 4 minuter under konstant omrörning.
c) Tillsätt alla återstående ingredienser i Instant Pot.
d) Fäst locket och välj funktionen "Manuell" i 6 minuter med högt tryck.
e) Gör en snabb släpp efter ljudet och ta sedan av locket.
f) Rör försiktigt om och servera varm.

91. Aubergine i asiatisk stil

INGREDIENSER:
- 1 pund aubergine, skivade
- 2 msk sockerfri sojasås
- 6 matskedar sesamolja
- 1 msk sesamfrön till servering
- Salta och peppra efter smak

INSTRUKTIONER:

a) Förvärm din Air Fryer- maskin till 185 grader F
b) Lägg alla ingredienser i vakuumpåsen.
c) Förslut påsen, lägg den i vattenbadet och ställ in timern på 50 min.
d) När tiden är ute, bryn auberginema i en gjutjärnspanna i ett par minuter.
e) Servera omedelbart beströdd med sesamfrön.

92.Kryddig kinesisk stil gröna bönor

INGREDIENSER:
- 1 pund långa gröna bönor
- 2 msk chilisås
- 2 vitlöksklyftor, hackade
- 1 msk lökpulver
- 1 msk sesamolja
- Salt att smaka
- 2 msk sesamfrön till servering

INSTRUKTIONER:
a) Förvärm din Air Fryer- maskin till 185 grader F.
b) Lägg ingredienserna i vakuumpåsen.
c) Förslut påsen, lägg den i vattenbadet och ställ in timern på 1 timme.
d) Strö över bönorna med sesamfrön och servera.

93. Örtad aubergine och zucchinimix

INGREDIENSER:
- 1 aubergine; grovt kuberad
- 3 zucchinis; grovt kuberad
- 2 msk citronsaft
- 1 tsk timjan; torkas
- Salta och svartpeppar efter smak
- 1 tsk oregano; torkas
- 3 matskedar olivolja

INSTRUKTIONER:

a) Lägg aubergine i en form som passar din airfryer, tillsätt zucchinis, citronsaft, salt, peppar, timjan, oregano och olivolja, släng, lägg i din airfryer och koka i 360 °F, i 8 minuter

b) Dela mellan tallrikar och servera direkt.

94.Kokt Bok Choy

INGREDIENSER:

- 1 vitlöksklyfta, krossad
- 1 gäng bok choy, putsad
- 1 kopp eller mer vatten
- Salta och peppra efter smak

INSTRUKTIONER:

a) Tillsätt vattnet, vitlöken och bok choy i Instant Pot.
b) Fäst locket och välj funktionen "Manuell" i 7 minuter med högt tryck.
c) Efter ljudsignalen, gör en snabb släppning och ta bort locket.
d) Sila av den kokta bok choyn och överför den till ett fat.
e) Strö lite salt och peppar ovanpå.
f) Tjäna.

EFTERRÄTT

95.Fruktsmula

INGREDIENSER:
- 1 medelstort äpple, fint tärnat
- 1/2 kopp frysta blåbär, jordgubbar eller persikor
- 1/4 kopp plus 1 matsked brunt rismjöl
- 2 matskedar socker
- 1/2 tsk mald kanel
- 2 matskedar mjölkfritt smör

INSTRUKTIONER:
a) Förvärm airfryern till 350°F i 5 minuter.
b) Kombinera äpplet och de frysta blåbären i en luftfriterare-säker bakpanna eller ramekin.
c) I en liten skål, kombinera mjöl, socker, kanel och smör. Häll mjölblandningen över frukten.
d) Strö lite extra mjöl över allt för att täcka eventuell utsatt frukt.
e) Koka i 350°F i 15 minuter.

96.Fickor för fruktbakelse

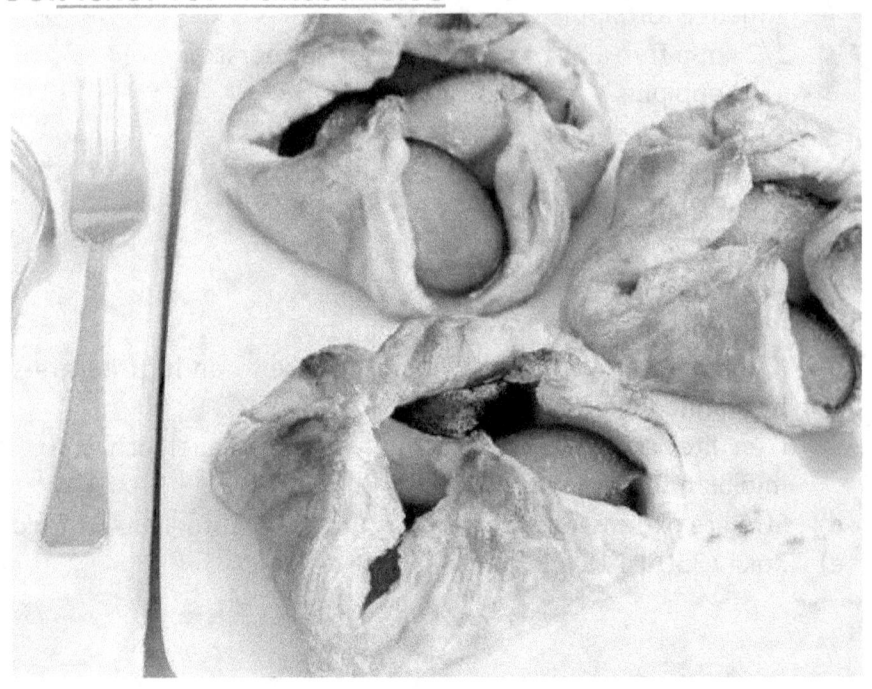

INGREDIENSER:
- 4 uns vegansk halvmånerulldeg
- 1 msk oblekt universalmjöl
- 6 uns färska blåbär, jordgubbar eller björnbär
- 1/2 tsk strösocker
- 1/4 tsk mald kardemumma
- 1/4 tsk mald ingefära
- 1 tsk strösocker

INSTRUKTIONER:
a) Dela halvmånerulldegen i 4 lika delar. Strö mjölet på en arbetsyta och rulla ut degbitarna till 5 x 5-tums bitar, använd mer mjöl efter behov för att undvika att fastna.
b) I en medelstor skål, kombinera blåbär, socker, kardemumma och ingefära.
c) Förvärm airfryern till 360°F i 4 minuter. Sked cirka 1/3 kopp av blåbärsblandningen på varje degbit. Vik varje hörn mot mitten.
d) Arbeta kanterna på degen för att säkerställa att den är förseglad; det kommer att likna en ficka. Koka vid 360 ° F i 6 till 7 minuter, eller tills den är gyllenbrun.
e) Strö strösockret på bakverksfickorna före servering.

97.Bakade äpplen

INGREDIENSER:
- 1/2 kopp havregryn
- 1 tsk farinsocker
- 1 matsked mjölkfritt smör, mjukat
- 1 msk grovt hackade pekannötter
- 1 tsk mald kanel
- 4 stora Granny Smith eller andra bakäpplen, kärnade ur

INSTRUKTIONER:
a) Förvärm airfryern till 360°F i 5 minuter.
b) I en liten skål, kombinera havre, farinsocker, smör, pekannötter och kanel.
c) Använd en liten sked och fyll äpplena med havreblandningen. Koka i 360°F i 20 till 25 minuter.

98.Karamelliserad frukt-och-nötter Topping

INGREDIENSER:
- 1 tsk socker
- 1 tsk lätt agavesirap
- 1 tsk mjölkfritt smör
- 1/2 dl grovhackade valnötter
- 1/2 dl grovt hackade pekannötter
- 1/2 kopp grovt hackade torkade aprikoser, körsbär, tranbär eller russin
- 1/4 tsk mald kanel

INSTRUKTIONER:
a) Kombinera socker, agavesirap och smör i en airfryer-säker bakpanna.
b) Värm pannan i fritösen i 2 minuter vid 360°F. Ta bort från air fryer.
c) Tillsätt valnötter, pekannötter, aprikoser och kanel. Kasta till beläggning. Lägg tillbaka pannan i air fryer-korgen.
d) Koka vid 390°F i 5 minuter, rör om i 3 minuter.

99.Friterade Ginger-O's

INGREDIENSER:

- 3/4 kopp vegansk snabbpannkaksmix
- 2/3 kopp vatten
- 1/4 kopp sojamjöl
- 1/8 tsk vaniljextrakt
- 1/2 tsk socker
- 8 Newmans egna Ginger-Os smörgåskakor

INSTRUKTIONER:

a) Förvärm airfryern till 390°F i 5 minuter. Lägg en bit bakplåtspapper på air fryer korgen; precis tillräckligt för att täcka botten och utan att överskottet exponeras.

b) I en stor skål, kombinera pannkaksblandningen, vatten, sojamjöl, vanilj och socker, vispa väl.

c) Doppa kakorna i smeten en i taget med en tång. Skaka av överflödig smet och överför kakorna till airfryer-korgen. Du kan behöva göra detta i omgångar, baserat på storleken på din airfryer.

d) Koka i 390°F i 5 minuter. Vänd kakorna, ta bort bakplåtspappret. Koka i 2 till 3 minuter till. Kakorna är färdiga när de är gyllenbruna.

100.Äppelpaj Taquitos

INGREDIENSER:
- 2 till 3 spritsar rapsolja
- 1/4 kopp äppelpaj fyllning eller Chunky Äppelmos (följer)
- 2 (6 tum) majstortillas
- 1 tsk mald kanel, delad

INSTRUKTIONER:
a) Spraya air fryer korgen med olja.
b) Bred ut 2 msk pajfyllning på 1 tortilla. Rulla ihop tortillan och lägg den i air fryer-korgen.
c) Upprepa denna process för att skapa den andra taquito. Spritsa mer olja på toppen av tortillorna. Strö 1/2 tsk av kanelen över taquitos.
d) Koka i 390°F i 4 minuter. Vänd på taquitos, strö resterande 1/2 tsk kanel över taquitos och koka i 1 minut längre.

SLUTSATS

När vi avslutar vår härliga resa genom "Den bästa veganska frityrkokboken" hoppas vi att du har upplevt glädjen att skapa snabba och enkla, hälsosamma veganska måltider med bekvämligheten av din airfryer. Varje recept på dessa sidor är en hyllning till växtbaserad godhet, effektivitet och de läckra möjligheter som airfryern ger ditt kök – ett bevis på de hälsomedvetna och smakfulla nöjena med vegansk matlagning.

Oavsett om du har njutit av enkelheten hos luftfriterade grönsaker, anammat innovationen av växtbaserade hamburgare eller njutit av skuldfria luftfriterade desserter, litar vi på att dessa recept har antänt din passion för vegansk luftfriterad mat. Utöver ingredienserna och teknikerna, må konceptet med den ultimata veganska airfryer-kokboken bli en källa till inspiration, effektivitet och en hyllning till glädjen som kommer med varje näringsrik och smakrik skapelse.

När du fortsätter att utforska världen av vegansk luftfriterad matlagning, må "Den bästa veganska frityrkokboken" vara din pålitliga följeslagare, som guidar dig genom en mängd olika recept som visar upp enkelheten och hälsosamheten hos växtbaserad mat. Här är det till att njuta av snabba och enkla, hälsosamma veganska måltider, skapa kulinariska mästerverk och omfamna läckerheten som kommer med varje luftfriterad njutning. Smaklig måltid!

www.ingramcontent.com/pod-product-compliance
Lightning Source LLC
Chambersburg PA
CBHW071851110526
44591CB00011B/1375